Casimir Leconte

Les Noirs libres et les noirs esclaves aux Antilles, aux États-Unis et à Liberia

Essai

ISBN : 978-1726218702

10 9 8 7 6 5 4 3 2 1

Casimir Leconte

Les Noirs libres et les noirs esclaves aux Antilles, aux États-Unis et à Liberia

Essai

Table de Matières

Introduction

Lorsqu'en 1787 Wilberforce fit dans le parlement britannique sa première motion pour l'abolition de la traite des noirs, il rencontra en face de lui l'opposition de tous les hommes quelque peu soucieux des intérêts commerciaux de l'Angleterre. Il ne se découragea pas cependant, il redoubla d'efforts, et aujourd'hui la question de la traite a pris place, avec celle de l'émancipation des noirs, parmi les plus graves qui s'imposent à la sollicitude des pays civilisés. Quel que puisse être toutefois le succès des mesures prises pour arriver à la suppression de la traite, ce n'est point sur cette face du redoutable problème posé par Wilberforce aux économistes et aux hommes d'état des deux mondes que notre attention voudrait se porter aujourd'hui. Sans nous préoccuper ici de la répression plus ou moins complète du trafic des esclaves, il nous paraît intéressant d'examiner où en sont les tentatives d'émancipation, où en est le travail des noirs, soit dans les pays où l'esclavage dure encore, soit dans ceux où il a été brusquement supprimé. Ce n'est pas le tout d'avoir rendu la liberté à des populations esclaves : qu'y a-t-il à faire pour elles et pour les nations émancipatrices? C'est là une question nouvelle, non moins importante que la première, et dont cette étude a pour but de montrer les difficultés.

Le bill d'émancipation a été adopté en 1833 par les deux chambres du parlement d'Angleterre. Le terme de l'esclavage a été fixé pour les colonies anglaises au 1er août 1848; huit cent mille esclaves devaient profiter de la mesure, et une indemnité de 20 millions de livres sterling était allouée aux propriétaires dépossédés. Le bill a reçu sa pleine exécution, et l'expérience tentée par l'Angleterre compte dès ce moment dix-huit ans de date. En 1848, la France est entrée dans la voie ouverte par l'Angleterre avec la chevaleresque étourderie qui marque trop souvent ses élans nationaux. Pour ces deux pays, il ne s'agit plus de projets à discuter : l'œuvre d'émancipation est commencée; il s'agit de l'apprécier dans ses résultats, de la diriger, s'il se peut, dans ses conséquences. C'est là une tâche qu'on ne peut mener à bien sans connaître à fond la race noire telle qu'on peut l'observer sous trois régimes bien distincts : — le régime de l'esclavage à Cuba et dans les états du sud de l'Union, — celui de la liberté sur quelques autres points des

États-Unis et aux Antilles, — le régime enfin de l'indépendance complète à Libéria et à Maryland-in-Libéria, sur la côte d'Afrique. Quant au régime auquel est soumis l'empire d'Haïti sous le sceptre de Faustin 1er, nous pensons qu'il est à peu près inutile d'en parler. C'est le comble de la désorganisation, de l'incurie, et ce sera bientôt le retour à l'état sauvage, si une circonstance quelconque ne vient pas rendre la vie à cette splendide et malheureuse contrée.

Les souvenirs d'un récent voyage dans diverses contrées tant libres qu'esclaves du Nouveau-Monde nous aideront peut-être à jeter quelque lumière sur ces trois aspects essentiels d'un sujet qui intéresse si vivement l'avenir de nos colonies. Après avoir vu ce qu'ont produit tour à tour pour la race noire l'esclavage et la liberté, nous serons plus à même d'apprécier ce qui a été fait, ce qui reste à faire pour elle dans les possessions de l'Angleterre et de la France.

Section I

Le travail des noirs esclaves est soumis à deux systèmes d'une nature bien différente : le système espagnol, qui procède par la rigueur et les privations; celui des Américains du nord, qui tempère la fermeté indispensable par une intelligente humanité.

Imposer le travail aux noirs par une discipline rigoureuse et souvent inhumaine, économiser le plus possible sur leur nourriture et leur bien-être, puis, quand ils meurent à la peine, se tuent de désespoir, ou parviennent à s'enfuir, les remplacer comme un meuble usé, — tel est, en quelques mots, le système d'un grand nombre de propriétaires d'esclaves à Cuba. Je ne connais pas de plus affreux spectacle que celui d'une des principales sucreries de cette île, lorsque le maître est absent et qu'il se confie à un gérant inhumain. Celui-ci n'a même plus le stimulant de son propre intérêt, qui le porterait à ménager sinon son esclave, au moins son argent. J'ai eu pendant huit à dix jours ce spectacle sous les yeux, et j'avoue que, malgré tout mon désir d'étudier les curieux ressorts de ces usines, qui, pour les proportions, n'ont pas de rivales dans le monde, j'avais hâte de partir. Comme adieu toutefois, j'ai laissé cet avis à mes hôtes : « Ce que vous faites là est aussi maladroit que cruel ; si vous bannissez de votre âme tout sentiment d'humanité, vous devriez au moins conserver l'instinct de votre intérêt. Comment ne comprenez-vous pas que vous diminuez votre capital en multipliant ainsi les cas de mortalité, d'affaiblissement ou de fuite, et que les économies faites sur la nourriture, les vêtements et le logement, vous les dépensez en frais de surveillance et en primes à payer aux *rancheros*! » Le *ranchero* est une invention tout espagnole : c'est simplement un chasseur d'hommes. On a son *ranchero* dans sa commune comme on a son garde dans ses bois. Quand un esclave s'enfuit, on donne son nom et son signalement au *ranchero*, qui siffle ses chiens, prend son fusil, son sabre, et part pour la chasse. Ces chiens, d'une intelligence et d'une vigueur remarquables, sont dressés à chasser les nègres comme les nôtres le lièvre. Quand ils sont une fois sur la piste du fugitif dont on leur a fait flairer les effets, rien ne peut les détourner : quel que soit le temps et l'espace, il faut qu'ils atteignent leur proie. — On a vu, me disait un habitant, un de ces animaux rester obstinément au bord d'un étang, bien qu'il n'y eût aucune trace de nègre marron, et, le *ranchero* ayant voulu avoir l'explication de cette persistance, on finit par trouver un noir caché à une grande distance; il s'était plongé dans l'eau jusqu'au cou, et sa tête était cachée par une touffe d'herbes fort épaisse. Lorsque les chiens, au nombre de deux ordinairement, atteignent le noir, ils le saisissent chacun par un bras sans lui faire de mal, s'il ne résiste pas, ce que le nègre se garde bien de faire le plus souvent, parce qu'il sait qu'il serait dévoré. Le *ranchero* arrive, met les menottes au fugitif et le ramène tranquillement à l'habitation, où on lui compte 20 piastres, taux fixé de la prime pour un cas ordinaire. S'il y a eu des circonstances exceptionnelles, s'il a fallu combattre ou poursuivre au-delà d'une certaine limite, la prime est plus élevée. Il ne faut pas croire toutefois que ce soit par humanité qu'on dresse les chiens à ne pas blesser les nègres marrons; c'est surtout, — comme me le disait naïvement un *majoral,* — pour ne pas leur ôter de la valeur. Il y a même des cas ou le *ranchero* est responsable des avaries causées à la propriété du colon.

Certes, voilà une organisation complète et un système établi d'ensemble sur des bases que l'on croit à la fois économiques et justes. La grande raison que l'on donne, quant à ce dernier point, c'est que les nègres seraient encore plus mal à la côte de Guinée qu'à Cuba, et que dès-lors ils n'ont pas le droit de se plaindre. Dieu me garde de sembler même contester ici la générosité, la noblesse et les autres grandes qualités du caractère castillan! j'en ai eu trop d'exemples pour mon compte, et je serais trop mal venu à mes propres yeux si je pouvais laisser le moindre doute à cet égard; mais l'impartialité exige pourtant que l'on dise ce que l'on a vu, ce que l'on a constaté soi-même par des observations attentives et répétées. D'ailleurs les Espagnols sont les premiers à convenir qu'ils ont dans leur organisation morale et physique certaine âpreté qui les rend moins sensibles que d'autres peuples à l'aspect des misères humaines. En rendant hommage à ce qui est chez eux noble et bon, nous ne saurions fléchir devant l'obligation de signaler ce qui nous paraît répréhensible. Or le système de gestion des habitations de Cuba nous parait exiger des réformes radicales aussi bien dans l'intérêt de l'humanité que dans celui des planteurs eux-mêmes. Je ne prétends pas que ce système soit pratiqué sans exceptions; mais c'est de l'application générale qu'il faut surtout se préoccuper [1]. Ces exceptions mêmes dont nous parlons s'expliquent par les mœurs créoles plutôt encore que par des préoccupations d'humanité. Les habitants des colonies espagnoles, ceux des villes un peu importantes, telles que la Havane, aiment le faste et la représentation; ils se plaisent à étaler aux yeux et de pompeux équipages et de brillantes toilettes; ils s'entourent d'un nombreux domestique, ils jouent souvent et très gros jeu; tout cela, on le conçoit facilement, entraîne de grands besoins d'argent. La vie molle des climats chauds en outre porte à la satiété, à l'indolence, et conséquemment au caprice. Il n'est donc pas étonnant qu'on trouve chez le même individu des dispositions qui modifient radicalement sa manière d'agir à l'égard de ses serviteurs, surtout lorsque ses serviteurs sont sa propriété aussi bien que son cheval ou son chien. Il met entre les nègres de sa domesticité et ceux de son habitation la même différence que celle qui existe entre son cheval de promenade et le cheval de labour, entre le mignon *king Charles* et le rude chien de son *ranchero*. Comme il réside peu sur ses terres, il en abandonne l'administration à ses intendants qui, à leur tour, se reposent sur leurs inférieurs des soins du détail. De là la différence radicale entre les esclaves ou animaux de luxe et ceux qui sont de pure utilité. Pour les uns, les brillants harnais, la nourriture délicate, l'indulgence souvent excessive; pour les autres, le labeur écrasant sous le soleil des tropiques et les mauvais traitements, s'ils se permettent le moindre murmure. Aux uns on demande les jouissances du luxe et de la vanité, aux autres l'argent qui doit y pourvoir.

Si nous passons de Cuba aux pays à esclaves des États-Unis, nous serons frappés d'un contraste qui n'est pas à l'honneur, il faut bien le dire, des propriétaires espagnols. Les noirs mieux traités produisent davantage, et les chances de mortalité sont moins nombreuses. Avant toutefois d'arriver à la situation de l'esclavage dans les états du sud de l'Union, il faut dire un mot du recrutement des noirs, tel qu'il se pratique à Cuba : c'est encore là un des côtés répréhensibles du système espagnol.

Dans les colonies hispano-américaines, le seul moyen de pourvoir à l'insuffisance des bras est, on le comprend sans peine, de recourir à la traite. Le gouvernement espagnol, qui a adhéré aux conventions proposées par l'Angleterre pour la suppression du commerce des esclaves à la côte d'Afrique, exécute sa promesse, en ce sens qu'il ne tolère pas que ses sujets s'y livrent sous aucun prétexte, et que les autorités sévissent contre les traitants lorsque ceux-ci se laissent prendre; mais, si les croisières anglaises et françaises de la côte d'Afrique ne peuvent pas arriver, malgré leur vigilance, à détruire la traite, faut-il s'étonner que la surveillance du gouvernement espagnol soit parfois en défaut? Son premier intérêt, après tout, est la prospérité de Cuba et de porto-Rico, et peut-on empêcher toujours les autorités locales de favoriser sous main les déchargements des navires négriers et l'internement de leurs cargaisons? Quant aux habitants, qui ont ordre de signaler les passages de nègres neufs sur leurs terres, on a l'attention de les prévenir du jour où le convoi doit se mettre en marche; ils ont soin alors d'aller, soit à la ville voisine, soit dans une autre partie de leur canton, et de se montrer en public, afin de pouvoir établir l'alibi et de pouvoir jurer en sûreté de conscience qu'ils ne savent rien de ce qu'on leur demande. J'étais un jour sur une grande habitation du canton de Banaguises, et le propriétaire m'exprimait son mécontentement de ce qu'il appelait un manque de procédé de ses voisins. Or ceux-ci avaient fait passer tout simplement un convoi de deux mille noirs neufs sans le prévenir, et le propriétaire me disait avec raison : « Voyez un peu dans quelle position on me mettrait si le juge venait à me déférer le serment; si au moins j'avais été prévenu, j'aurais pu aller dîner à Cardenas. »

Il ne faut pas croire d'ailleurs que la colonie placée dans ces conditions manque de bras : le prix modéré des noirs prouve le contraire. Lorsque j'ai quitté Cuba, le cours était à peu près établi de la manière suivante : noir neuf de traite, de 350 à 400 piastres; noir d'habitation formé au travail de la terre, 450 et 500 piastres ; noir intelligent et connaissant un métier, de 700 à 1,000 piastres; les femmes se paient aussi cher que les hommes, et il est entendu que l'on n'établit les prix généraux que pour les individus jeunes et valides. Quant aux enfants, vieillards ou esclaves tarés par suite de blessures ou infirmités, on traite à l'amiable. Une raison qui tend aussi à maintenir le prix des esclaves à un taux modéré, c'est qu'il y a une loi qui force le maître à affranchir son esclave, lorsque celui-ci peut offrir 400 piastres pour son rachat. Or, si le prix des noirs s'élevait de beaucoup au-dessus de ce taux de 400 piastres, il s'établirait une industrie de rachat et de revente qui l'amènerait bien vite le cours à ses limites naturelles. Dans l'état actuel, il y a même quelques cas où le nègre trouve à emprunter les 400 piastres qui lui sont nécessaires pour se racheter; il se revend ensuite plus cher, et partage la différence avec son bailleur de fonds. Il arrive aussi quelquefois que des individus parcourent les habitations, cherchent à débaucher les nègres, les font déserter, et vont les revendre dans un autre quartier de l'île. Quant à la traite, les navires négriers sont armés dans les petites baies écartées par des gens fort au fait, et l'on estime que trois sur cinq réussissent, ce qui est réputé suffisant pour alimenter le marché et assurer un beau bénéfice aux traitants.

Aux États-Unis, les choses se passent tout différemment. La traite a cessé, aussi bien de fait que de droit, par la grande raison (où la morale n'a que voir) que la population noire va sans cesse en augmentant sous l'influence d'un bon régime et d'un bon climat, tandis qu'aux Antilles espagnoles il n'y a que la traite qui puisse remédier à la diminution des travailleurs incessamment décimés par les mauvais traitements et les privations. La population esclave de l'Union était, en 1840, de 2,487,115 individus des deux sexes et de tout âge; le dernier recensement général, fait en 1850, la porte à 3,070,374 : c'est donc, en dix ans, une augmentation de 583,619 individus ou 23 et demi pour 100 sur la totalité. Écartant d'abord ceux des états dans lesquels l'esclavage est aboli en principe et doit s'éteindre avec le temps, tels que le Delaware, New-Jersey, Pennsylvanie, etc., et en tenant compte seulement des états qui entendent, quant à présent, conserver l'esclavage, on trouve les rapports suivants :

	1840 Chiffre de la population esclave	1850 [2] Chiffre de la population esclave	AUGMENTATION	«	DIMINUTION	«
	Individus	Individus	en nombre total	en centièmes	en nombre total	en centièmes
Virginie	448,987	460,000	11,000	2 1/2 p. 100		
Caroline du nord.	245,817	280,000	34,200	14 —		
Caroline du sud..	327,038	350,000	23,000	7 —		
Géorgie	280,944	365,000	84,000	30 —		
Alabama	253,532	330,000	76,500	30 —		
Mississipi	195,211	320,000	124,800	64 —		
Louisiane	168,452	200,000	31,500	19 —		
Arkansas	19,935	45,000	25,000	125 —		
Missouri	58,240	91,500	33,300	57 —		
Tennessee	183,059	250,000	67,000	37 1/2 —		
Kentucky	182,258	211,000	28,800	16 —		
Maryland	89,145	90,300	1,200	1 1/2 —		
Floride	25,517	22,000	»	» —	3,500	14 p. 100
Texas [3]	»	50,000	50,000	» —		
			590,300			
		A déduire	3,500			

			586,800			

Il résulte des chiffres comparés des deux recensements que le Maryland et la Floride sont restés à peu près stationnaires, que l'augmentation a été médiocre dans les Carolines, la Louisiane et le Kentucky, assez forte dans la Géorgie, l'Alabama et le Tennessee, très importante dans le Missouri, le Mississipi et surtout l'Arkansas. Quant à la Virginie, qui parait n'avoir éprouvé qu'une assez faible augmentation de 2 et demi pour 100, il y a lieu à une observation particulière. La Virginie se partage en deux portions, qu'on pourrait appeler, comme en Suisse, des demi-états; la ligne de partage est la double chaîne des Alleghanys, qui traverse tout le territoire de la Virginie du nord-est au sud-ouest. Entre les montagnes et les états de la Pennsylvanie et de l'Ohio au nord et le Kentucky à l'ouest, le système de l'esclavage est aboli de fait, et partout on y a substitué au travail des noirs celui des cultivateurs blancs et notamment des engagés allemands et irlandais. Le climat et la nature du terrain se prêtant aux cultures européennes, les propriétaires ont eu plus d'avantage à vendre leurs esclaves, tandis que, dans la partie comprise entre les montagnes et la mer à l'est et la Caroline du nord au sud, on a conservé les anciennes cultures, dont la principale est celle du tabac. Quant aux esclaves, devenus trop nombreux pour la quantité de terre cultivable, beaucoup d'habitants ont imaginé de s'en faire éleveurs et d'en faire le commerce avec les états du sud-ouest et du sud, dont les plantations de coton et de canne à sucre ont pris un développement énorme. La Virginie fait donc une grande exportation d'esclaves, et c'est ce qui explique comment la population noire, bien que dépassant quatre cent quarante-huit mille individus en 1840, ne s'est accrue néanmoins que de onze mille dans une période de dix ans. Le Maryland est à peu près dans la même position; aussi sa population noire est-elle restée stationnaire.

Ces résultats suffiraient à prouver que le système américain est non-seulement le plus humain, mais encore le seul profitable aux possesseurs d'esclaves. J'ai visité un assez bon nombre de plantations à la Louisiane, j'ai partagé la nourriture des noirs, j'ai assisté à leurs travaux, j'ai vu soigner leurs enfants, je suis entré dans leurs cases, j'ai été plusieurs fois aux ventes publiques qui se font à la Nouvelle-Orléans, j'ai enfin interrogé jusqu'à l'indiscrétion peut-être des propriétaires des divers états à esclaves, et j'ai cherché, par tous les moyens en mon pouvoir, à me former une opinion basée sur les faits. Je puis affirmer qu'il n'est pas possible de mieux traiter les noirs qu'on ne le fait aux États-Unis. Je suis très convaincu que la condition physique des esclaves de l'Union est infiniment meilleure que celle de la généralité des populations agricoles et ouvrières dans notre vieille Europe, et je pourrais citer à l'appui mille faits que j'ai vus moi-même, ou qui m'ont été rapportes par les personnes les plus dignes de foi. Il y a sur une des habitations de la paroisse Saint-Jacques, où j'ai passé quelques jours, dix, peut-être quinze nègres qui ont depuis longtemps amassé une somme suffisante pour se racheter; ils se gardent bien de le faire, et, quand on en parle à l'un d'eux, il répond : « Je suis bien traité et pas trop surchargé de travail ; si je suis malade, on me soigne: si ma femme est grosse, on l'accouche et on élève mon enfant; quand je deviendrai vieux, je n'aurai plus qu'à me reposer, et vous voulez que je quitte tout cela pour un avenir incertain! » J'ai vu aussi une dame, au moment de partir pour la France avec ses enfants, emmener avec elle la négresse esclave qui servait de bonne à ces derniers. Arrivée à New-York, la négresse est prise d'un tel désir de retourner à la Nouvelle-Orléans, que sa maîtresse compatissante se croit obligée de la renvoyer. L'esclave retourne prendre sa chaîne et ne donne pas un regret, pas une pensée peut-être à la liberté qui lui était acquise, si elle mettait le pied sur le sol de la France, sans même qu'elle eût à en témoigner sa reconnaissance à personne. — Le docteur M... avait emmené trois de ses noirs domestiques à New-York. L'un d'eux, très bon cocher, fut circonvenu par les anti-slavistes et quitta son maître qui refusa de le faire réclamer, comme la loi du pays lui en donnait le droit, disant avec raison que, puisque son esclave n'avait pu être retenu par les bons traitements, il ne le serait pas par la justice, et que d'ailleurs il désirait n'être servi que par affection. Au bout de quelque temps, le noir demanda à rentrer chez le docteur M..., qui ne voulut pas y consentir. Le maître se laissa fléchir enfin par de nouvelles instances, mais il condamna le fugitif à cinq ans... de liberté! A l'expiration des cinq années, l'esclave rentra repentant chez son maître, et depuis lors il n'a donné lieu à aucune plainte. — Sur plusieurs habitations de la pointe-Coupée, près de Bâton-Rouge (Louisiane), d'honorables propriétaires, en vue de moraliser leurs esclaves, ont déclaré que les enfants provenant de mariages réguliers naîtraient libres. Un certain nombre de noirs se trouvent dans cette position favorable, et cependant pas un ne quitte l'habitation sur laquelle il est né; chacun d'eux au contraire donne son temps et son travail pour la nourriture et le vêtement, habite la case de sa famille et ne songe nullement à revendiquer l'effet des promesses du maître.

Entre le système espagnol et le système américain, la question n'est pas difficile à juger, les faits parlent d'eux-mêmes. Est-ce qu'il a jamais été question aux États-Unis de ces populations souffreteuses, étiolées, à l'œil morne, à la contenance avilie, qui font naître à chaque pas les plus sombres pensées, lorsqu'on parcourt les habitations de l'intérieur de Cuba? Est-ce qu'il n'est pas de notoriété publique que jusqu'ici aucune colonie, soit insulaire, soit continentale, n'avait pu se soutenir sans avoir recours à la traite, à l'exception de la Barbade? Les États-Unis sont venus prouver, par une conduite à la fois humaine, intelligente et raisonnée, qu'après tout la douceur et les soins physiques sont la meilleure des spéculations. Les nègres sur le sol des états à esclaves de l'Union vivent sinon libres, du moins souvent heureux à leur matière, sans souci des biens qu'ils ne connaissent pas ou n'apprécient guère, et ils arrivent sans préoccupations au terme de leur carrière, tandis qu'aux colonies espagnoles rien ne peut donner l'idée d'un semblable bien-être. A quelque point de vue que l'on envisage la question, la condition du noir esclave aux États-Unis est même préférable à celle du noir ou de l'homme de couleur libre. Le nègre né sur l'habitation ou près du foyer de son maître ne comprend pas que la nature lui ait assigné un autre rôle à jouer dans le monde que celui dont il se voit chargé dès sa naissance. Le but qu'il se propose dans le cours de sa vie, c'est l'amélioration de sa condition matérielle. Lorsqu'il est bien traité, il se regarde comme faisant partie de la famille, il s'identifie avec elle, et l'histoire des colonies compte par milliers les traits d'attachement et d'abnégation des esclaves pour leurs maîtres. La position du travailleur noir, une fois acceptée par lui, devient nette et facile, parce que, d'une part, l'obéissance est une chose qui lui semble si naturelle, qu'il ne songe pas à s'y soustraire, et que, de l'autre, le maître, ne voyant jamais contester son droit ni son autorité, se laisse toucher d'ordinaire par les preuves de soumission et de dévouement qu'il recueille. Aux États-Unis, le génie commercial, de concert avec les sentiments d'humanité, démontre l'absurdité des mauvais traitements infligés aux esclaves par la perspective de la diminution du capital engagé. Il est donc certain que l'état physique de la race noire y est satisfaisant. Dans les colonies espagnoles, la population esclave est au contraire soumise à des chances nombreuses de désertion, de dépérissement ou de mortalité. Le système pratiqué par les Américains du nord est celui d'une surveillance paternelle; celui des Espagnols repose sur l'emploi incessant des moyens de répression. Ne peut-on pas tirer de ce contraste quelques indications sur le caractère de la race noire, sur les lois qui régissent son travail? Insensible aux mauvais traitements, elle ne résiste pas autant qu'on le croit à l'action d'une autorités bienveillante. C'est là un trait essentiel dont il faut tenir compte avant de l'observer sous un autre aspect, — libre au milieu d'une société régulière comme dans les grandes villes des États-Unis, ou bien livrée en quelque sorte à elle-même dans la colonie de Libéria.

Section II

Si pour les noirs esclaves les Américains du Nord se montrent aussi prévoyants qu'humains, ils ne traitent pas, on doit le dire, avec la même bienveillance les noirs ou gens de couleur libres qui vivent sur le sol de l'Union. La situation faite à ces malheureux est, selon moi, intolérable, et je ne comprends pas que ceux d'entre eux qui ont des moyens d'existence et le moindre sentiment de dignité personnelle puissent accepter la place qui leur est assignée dans le pays le plus libre de la terre. Nés citoyens américains, ils ne participent à aucun des droits et des avantages soit de la constitution fédérale, soit des constitutions particulières d'états. Si un homme de couleur se présentait aux élections même dans un état où la loi n'a pas établi de distinction entre les races, s'il tentait d'y déposer son vote, il serait honteusement chassé; sa vie peut-être, s'il insistait, ne serait pas en sûreté. Admissible à tous les emplois en vertu d'un droit écrit, incontestable autant qu'incontesté, il a la certitude d'avance de n'en occuper jamais aucun qui ait la moindre importance. Quelque honnête ou riche qu'il soit, il n'oserait monter dans un omnibus et s'asseoir à côté d'un ouvrier blanc portant un tablier de cuir. J'ai vu à New-York un homme de couleur revêtu cependant d'un caractère presque officiel, puisque c'était l'envoyé de Soulouque, refuser de monter dans un omnibus et donner pour excuse à la personne qui le pressait la crainte d'être insulté. Au théâtre, dans les wagons des chemins de fer, bien plus dans les églises, partout enfin où il peut se trouver en contact avec la race blanche, l'homme de couleur a sa place à part. Dans les hôtels, il y a une table séparée pour les domestiques blancs, et il n'est pas une fille de chambre ou un garçon d'écurie qui ne se levât de table, si le maître de la maison tentait d'y faire asseoir le noir libre le mieux élevé. Et il ne faut pas croire que ce soit seulement dans les états à esclaves qu'existe un préjugé aussi enraciné; la vertueuse ville de Boston, par exemple, qui regorge de grands philosophes, de sages moralistes et d'anti-slavistes fervents, en est atteinte comme toute autre ville de l'Union. J'ai voyagé avec un négociant recommandable qui allait placer dans un collège de l'ouest un jeune garçon des mieux doués, des plus intelligents, et dont le teint était fort clair, mais dont l'origine maternelle n'était pas très nettement établie au point de vue de la couleur. J'ai été peu surpris d'apprendre que l'un des élèves qui connaissait la famille du nouveau venu l'avait dénoncé et qu'on avait été obligé de l'envoyer en France pour faire son éducation. — L'abbé M., ecclésiastique des plus charitables et des plus éclairés, a fait à la Nouvelle-Orléans la triste expérience de ce que peut le préjugé. N'étant jamais venu en Amérique, il ignorait à quel point il y avait des ménagements à garder, et tenta, en prenant possession de sa cure, d'effacer, dans la maison de Dieu du moins, la ligne de démarcation qui existait entre les personnes d'origines différentes. Il déclara en conséquence à ses paroissiens qu'à l'avenir les bancs seraient loués et les places occupées indifféremment par tous les membres de la communauté. A l'instant même, les blancs protestèrent, renvoyèrent les clés de leurs bancs et menacèrent de supprimer toutes leurs souscriptions. Or, comme aux États-Unis l'état n'intervient en rien dans les affaires de religion, qu'il n'y a pas de budget ecclésiastique et que les fidèles de chaque communion sont obligés de pourvoir eux-mêmes aux frais de leur culte, le pauvre abbé dut revenir sur ses pas et rétablir la séparation des races.

Il faut bien dire aussi, pour être juste, que les gens de couleur donnent eux-mêmes de la force au préjugé par le mépris qu'ils affectent pour leur propre race. Les femmes, entre autres, ne se font aucun scrupule d'afficher leurs répugnances à cet égard et de repousser toute proposition d'alliance avec un homme de couleur; elles préfèrent de beaucoup, et ne se gênent pas pour le dire, rechercher l'intimité d'un blanc au risque de tous les inconvénients qui en résultent pour elles et pour leurs enfants. Voilà le fâcheux effet des situations équivoques, et, à l'égard des affranchis, je crois qu'aux États-Unis tout le monde est dans le faux. L'esclavage existe encore dans quatorze états sur trente et un, et là on conçoit, au point de vue de l'intérêt matériel, que la séparation des castes se maintienne; dans les autres états, on le comprend d'autant moins que les prétentions à la philosophie et à la charité chrétienne sont plus grandes. Comment admettre, en effet, que tel puritain du Massachusetts ait passé la moitié de sa vie à délayer de longues tirades négrophiles, qu'il soit membre de toutes les sociétés anti-slavistes, et qu'il chasse de chez lui son fils unique parce qu'il aura épousé une quarteronne, fut-elle la plus honnête fille de l'Union? Deux faits prouveront d'ailleurs mieux que tous les raisonnements ce qu'on entend au fond par l'esprit anti-slaviste aux États-Unis. Un citoyen de Boston hérite d'une grande et belle habitation que lui lègue un oncle mort à la Louisiane. Ce Bostonien était un anti-slaviste prononcé; mais, en bon calculateur yankee, il remarque que les trois cents nègres qui peuplent sa nouvelle propriété représentaient, à raison de 350 piastres l'un dans l'autre et par tête, la somme assez ronde de 110,000 piastres, près de 600,000 francs. Pour tout concilier, la morale et le commerce, il convoqua un meeting négrophile et lui dit : « J'ai en ma possession, par suite d'un malheur que je ne pouvais prévoir, trois cents de nos frères noirs. Ma conscience et mes opinions bien connues me défendent de les garder; cependant il n'est pas juste que, si je leur rends une liberté qui est leur droit, le détriment en retombe en totalité sur moi. Je vous propose en conséquence de faire une souscription pour racheter mes trois cents esclaves, et je consens à y entrer pour un tiers, à la condition que les sociétés anti-slavistes couvriront les deux autres tiers. Je supporterai très volontiers la plus forte part du sacrifice, on ne peut raisonnablement m'en demander davantage. » L'orateur fut interrompu par des murmures d'admiration, les journaux des états du nord le comblèrent d'éloges; mais l'impartiale histoire rapporte que la feuille de souscription resta d'une blancheur irréprochable. Quant au nouveau planteur, il mit sa *négrophilie* de côté pour le moment, garda son habitation, et ses noirs pour la faire valoir.

Un riche habitant était mort dans un état à esclaves, le Kentucky, et, par son testament, il donnait la liberté à tous les siens. De plus, il voulait assurer leur avenir, et enjoignait à son exécuteur testamentaire d'acheter dans un état libre, l'Ohio, des terres en quantité suffisante, de les allotir, d'y faire construire des maisons et des bâtiments d'exploitation, et de les pourvoir de bestiaux, de semences et d'instruments aratoires. On se conforma à la volonté du généreux donateur, et d'abord les choses se passèrent régulièrement; mais, lorsque le fidèle mandataire arriva à la tête de son noir convoi pour installer les affranchis et les mettre en possession de leurs propriétés et de leurs droits de citoyens, il trouva sur la rive toute la population blanche du canton, armée jusqu'aux dents, qui lui signifia qu'on ne souffrirait pas qu'on fondât au milieu d'elle une *colonie de vils nègres*. Le projet dut être abandonné.

L'anti-slavisme des états du nord serait-il un leurre et cacherait-il d'autres intentions? Faut-il croire, comme je l'ai entendu affirmer, que les états du nord veulent usurper sur ceux du sud et de l'ouest une suprématie qui leur permette, dans l'intérêt de leurs fabriques, de régler à leur gré les tarifs de douane et de traiter leurs confédérés en véritables tributaires? Faut-il admettre, comme des gens fort sérieux me l'ont dit, que c'est le résultat, en grande partie, des machinations de l'Angleterre, jalouse de la prospérité croissante des États-Unis et dépitée de l'insuccès de l'émancipation aux Indes occidentales? Ce que je crois pouvoir affirmer, c'est que des faits journaliers et des préjugés révoltants démontrent jusqu'à l'évidence la mauvaise foi ou l'inconséquence absurde de certains négrophiles du nord. Il faut bien ajouter aussi que l'anti-slavisme n'est pas seulement une opinion religieuse ou humanitaire; c'est, pour beaucoup de gens, un très bon métier et une base d'influence assez considérable. Pour soutenir la thèse et propager la doctrine, il faut des comités, des journaux, des missionnaires, des employés de toute sorte, et bon nombre d'individus, que la condition des noirs touche peu, seraient néanmoins très fâchés que la question perdît de son importance, ou, à plus forte raison, qu'elle fût abandonnée tout-à-fait, car tel lui a dû un siège au congrès, tel autre le bien-être de sa famille.

Quoi qu'il en soit de la fâcheuse condition faite aux noirs libres des États-Unis, on y poursuit, on le voit, avec une infatigable ardeur, la solution du grand problème de l'émancipation. Il faut examiner un moment cette question telle que la comprennent les vrais philanthropes et les propriétaires d'esclaves éclairés et consciencieux.

Dans l'état actuel de la civilisation, il n'est contesté par personne que l'esclavage soit un fait anormal et affligeant. Tous les cœurs généreux, tous les bons esprits désirent sincèrement en finir avec cette odieuse anomalie, et les citoyens américains plus que les autres, car il y a là le germe d'une dissension funeste pour leur puissante république. La difficulté n'est donc pas de savoir si on en finira, mais comment on en finira; le grand agent, le principal instrument de cette mesure capitale, c'est évidemment le temps. Les résultats déplorables d'une émancipation anticipée dans les colonies anglaises sont là pour ouvrir les yeux aux plus prévenus; par suite d'une précipitation inepte ou coupable, maîtres et esclaves ont été confondus dans une même ruine. Voilà recueil qu'il faut éviter, et il faut avant tout que le travail libre puisse être substitué au travail esclave pour la culture du tabac, de la canne ou du cotonnier. Quant aux végétaux qui croissent sous des latitudes tempérées, il n'y a pas à s'en occuper, car l'expérience prouve que les travailleurs blancs font mieux et plus vite que les noirs, et l'émigration incessante des Européens lirait devoir être suffisante pour combler les vides. L'exemple de la Virginie prouve d'ailleurs que la différence de travail est surtout une différence de climat, puisque le travail noir s'est supprimé de lui-même dans la moitié de l'état; il en serait donc ainsi sur le reste du territoire, s'il était démontré qu'il n'y a pas dommage grave pour la propriété.

Dans les états du nord, l'esclavage a été supprimé sans peine et sans secousse, parce que les noirs n'étaient guère depuis longtemps, employés que dans l'intérieur des maisons à des travaux domestiques; mais, lorsque la question de l'émancipation touche à la mise en valeur même de la propriété, on conçoit qu'elle prend un caractère beaucoup plus grave. Déjà cependant des tentatives sérieuses ont été faites; un des habitants considérables de la Louisiane a employé des travailleurs irlandais, et n'a pas eu trop à se plaindre des résultats pour certains genres d'occupations, surtout pour celles qui regardaient la cuisson et la préparation du sucre. Pour toutes les professions qui touchent à l'industrie proprement dite, le travail blanc est encore supérieur ; mais la grande difficulté est dans la culture. Nos ouvriers en cuirs vernis, nos verriers, nos boulangers, nos forgerons, bien d'autres encore supportent dans leurs travaux un degré de chaleur fort intense ; mais ils se sentent délassés et rafraîchis dès qu'ils ont quitté l'atelier, et l'énergie de notre atmosphère répare bientôt leurs forces, leur permet de reprendre et de soutenir longtemps une lutte dans laquelle ils succomberaient bien vite sous l'influence d'un climat tropical. Jusqu'à présent, on ne peut rien dire de concluant du travail blanc en ce qui concerne le labourage, la récolte et les autres occupations des champs qui exigent des corps acclimatés [4]. Les États-Unis ne doivent donc pas se lasser de multiplier les tentatives, d'examiner, par exemple, le parti à tirer des divers agents mécaniques déjà inventés pour économiser les bras, d'en chercher d'autres, de préparer enfin par tous les moyens possibles la solution d'une si grande question.

Lorsqu'on entreverra l'époque à laquelle l'émancipation sera praticable, que de précautions ne faudra-t-il pas encore pour préparer les affranchis à user convenablement de leur liberté! Puis, si on proclame tout d'un coup l'émancipation, n'y aura-t-il pas lieu à une indemnité que l'état seul peut et doit payer? Or jusqu'à présent les états du nord, qui reprochent avec tant d'amertume à leurs confédérés de l'ouest et du sud la honte de l'esclavage, n'ont jamais parlé de les indemniser, bien loin de là. Cependant le dernier recensement évalue le nombre des esclaves à plus de trois millions, dont la valeur, au prix moyen actuel de 350 piastres, représente l'énorme somme de plus d'un milliard de piastres. Comment veut-on que le gouvernement fédéral puisse jamais grever le trésor d'une pareille charge, et procéder à l'émancipation par l'indemnité? En présence des immenses difficultés qui s'offrent de tous côtés, quand on veut arriver à un résultat définitif, honnête et pratique, on ne peut qu'appeler le temps à son secours, et attendre qu'il vienne en aide au génie inventif du siècle. Les États-Unis sont dans la meilleure position pour procéder avec maturité à l'expérience de l'émancipation, puisque la situation matérielle de la population noire est aussi satisfaisante que possible; mais, si les propriétaires d'esclaves ont le droit de se plaindre que l'émancipation projetée les expose à une spoliation injuste, ils sont tenus de chercher avec ardeur les moyens de conjurer l'orage, d'obéir à la nécessité des temps, et de se délivrer eux-mêmes de la triste obligation de posséder, à titre de bétail, une foule de créatures humaines.

Aujourd'hui, l'esclavage, déjà aboli de droit ou de fait dans la majeure partie des états de l'Union, tend de plus en plus à se restreindre dans les autres. Dans la Virginie, la moitié du territoire est déjà rendue à la culture libre; le Maryland et le Kentucky font des efforts sérieux pour abolir l'esclavage; le Delaware a presque accompli sa tâche, puisqu'il n'y restait, d'après le recensement de 1850, que deux mille trois cent trente-deux individus non libres : les états du nord ont rempli la leur. Dans un temps assez rapproché donc, on peut admettre que le nombre des états anti-slavistes sera augmenté dans une forte proportion, puisque, d'un côté, le Maryland et le Delaware seront complètement affranchis, et que, de l'autre, les territoires dont l'annexion est prochaine, tels que le Nouveau-Mexique et l'Utah, n'entreront dans la confédération qu'à la condition de ne pas tolérer l'esclavage chez eux. Alors il y aura vingt états libres contre treize à esclaves, et le parti anti-slaviste dictera la loi dans le congrès. Ce moment sera suprême pour les États-Unis, car si les états à esclaves sont les moins nombreux, ils sont de beaucoup les plus militaires, et c'est toujours chez eux, dans toutes les grandes occasions, que les armées de la république se sont recrutées des plus intrépides volontaires. Qu'on juge de ce que serait une guerre civile dans un pays qui compte près de deux millions de miliciens parfaitement dressés au maniement des armes. Si cependant on doit reconnaître qu'il faudra une grande prudence de part et d'autre pour éviter une conflagration, il faut espérer que des hommes tels que ceux qui se sont déjà jetés avec courage et succès au milieu des plus ardentes rivalités et ont réussi à faire entendre la voix de la conciliation se retrouveront encore, et feront adopter un nouveau compromis. Les anti-slavistes me semblent d'autant plus imprudents ou plus coupables dans cette occasion, qu'ils se jouent de la fortune de leurs concitoyens sans y mettre rien du leur. Si au moins ils paraissaient disposés à contribuer de leur bourse à la légitime indemnité qui sera due aux propriétaires d'esclaves, on pourrait croire à leur bonne foi; mais c'est tout le contraire, et ils s'engagent dans la question sans se demander si les propriétaires du sud et de l'ouest ne seraient pas ruinés par l'anéantissement du capital énorme que représente la valeur actuelle des esclaves et par l'impossibilité de cultiver leurs terres, inaccessibles jusqu'ici au travail des blancs, il y a là une difficulté si effrayante, une injustice si monstrueuse, que l'on se prend à croire que tout le monde reculera et attendra que le temps et les efforts des hommes à la fois désintéressés et clairvoyants aient pu amener une solution convenable et pacifique. Il est hors de doute, quant à présent, que si l'on veut précipiter les choses, il y aura ruine pour tout le monde sans avantages pour personne, pas même pour les affranchis. Les habitants du sud et du sud-ouest perdant à la fois et le prix de leurs noirs et leurs moyens de production sur une terre brûlée, les fabricants du nord manquant de coton et d'autres matières premières et voyant se fermer pour eux le marché si important des états à esclaves, les noirs enfin se trouvant livrés sans frein à une liberté pour laquelle ils n'ont pas été préparés, — qui peut dire si la confédération elle-même ne succombera pas dans la lutte et ne faillira pas ainsi au magnifique avenir qui paraît lui être destiné?

Avec le temps, on l'a déjà dit, l'esclavage se circonscrira tout naturellement dans les contrées où le travail noir est seul possible à présent, et, vienne quelque circonstance favorable, quelque procédé de culture auquel on n'a pas encore songé, les habitants de ces contrées seront peut-être les premiers eux-mêmes à provoquer l'émancipation et à en discuter les moyens, car, à peu d'exceptions près, les propriétaires d'esclaves sentent les difficultés de leur position et ont grande hâte d'en sortir. Déjà même on s'est préoccupé du sort des malheureux noirs que l'émancipation jetterait brusquement en dehors des habitudes de toute leur vie. Des établissements ont été créés dès 1820 pour préparer les noirs à l'exercice de la liberté. Les colonies de Libéria et de Maryland-in-

Libéria ont été fondées à cette époque sur les bords du Mesurado et au cap Palmas, à la côte ouest d'Afrique. Il est triste cependant d'avoir à constater que, malgré les facilités de toutes natures, malgré les incitations, malgré l'état d'infériorité avilissante dans lequel les noirs libres sont tenus aux États-Unis, ils aiment mieux y rester que d'aller en Libéria jouir de tous les droits d'hommes et de citoyens. La population actuelle des noirs et hommes de couleur libres des États-Unis était, en 1840, de 386,245. Le recensement de 1850 l'évalue à 428,637, et la population de Libéria originaire des États-Unis est de 8 à 10,000 âmes. Or presque tous les hommes de couleur, en Amérique, végètent dans les rangs inférieurs de la société et se consacrent à peu près exclusivement aux humbles fonctions de la domesticité. Que prétendent donc les négrophiles du nord? Est-ce que les faits ne parlent pas assez haut? Est-ce que les comités anti-slavistes n'ont pas à se reprocher d'entraver tant qu'ils le peuvent l'action des sociétés colonisatrices, dans la crainte de voir diminuer leur importance? Sur une population de 3,070,734, recensement de 1850, il y a eu dans l'année 1,011 fugitifs, et presque tous par peur de châtiments mérités à la suite de vols ou autres délits graves, et cela malgré les excitations les plus vives et les plus faciles des états libres, de quelques états même limitrophes des états à esclaves. Le Kentucky, par exemple, n'est séparé de l'Ohio que par une rivière; l'Illinois et le Missouri sont dans la même position; bien plus, le Missouri et l'Iowa n'ont entre eux qu'une limite purement géographique. C'est sur ces points indiqués que l'anti-slavisme entretient ses agents les plus actifs, parce que les occasions sont de tous les instants et les obstacles à peu près nuls. Eh bien ! toutes les excitations, toutes les facilités ont produit en un an 1,011 évasions, beaucoup moins qu'il n'y a eu d'affranchissements volontaires [5]; est-ce clair?

En présence de ces faits concluants, du bien-être matériel des esclaves, de leur peu de besoins physiques et moraux, en présence surtout des dommages incalculables qui résulteraient pour tout le monde, et sans compensation aucune, d'une émancipation prématurée, je reste convaincu que la précipitation serait un crime et que la temporisation est un devoir. Il n'en convient pas moins de prendre en sérieuse considération les tentatives des amis éclairés de la race noire, la colonisation de Libéria par exemple, et de chercher dans la situation présente de cet établissement les indices de l'avenir qui est réservé à une fraction des plus intéressantes de la race nègre.

Section III

Le 31 décembre 1816, à l'instigation de M. Elias Caldwell, on vit se réunir, sous la présidence du célèbre Henry Clay et dans le palais du Capitole à Washington, le premier *meeting* convoqué dans la pensée d'aviser aux moyens d'améliorer la condition des noirs et hommes de couleur libres aux États-Unis. Deux grands obstacles étaient principalement à surmonter, et, si l'on ne pouvait les aborder de front, il fallait au moins les tourner. Ces obstacles, c'étaient le préjugé enraciné des hommes de race blanche contre ceux de race africaine et l'apathie de ces derniers. Nous avons eu l'occasion de faire remarquer combien, malgré leur passion pour la liberté et leur haine apparente des distinctions sociales de l'Europe, les Américains du nord s'écartaient des principes vraiment libéraux en ce qui touchait les gens de couleur. D'un autre côté, il est hors de doute que le nègre éprouve une grande répugnance à quitter la terre qui l'a vu naître, la famille au sein de laquelle il a été élevé, le maître même qu'il a servi et dont il a reçu de bons traitements. L'infériorité notoire de son intelligence, l'habitude de toujours compter sur autrui pour subvenir à ses besoins, la crainte d'un effort, sont autant de liens qui le retiennent et le détournent de tout ce qui sent l'aventure. Ces dispositions bien connues des noirs expliquent les difficultés de l'entreprise dont le *meeting* de 1816 posait le principe et l'insignifiance de ses progrès pendant un assez long espace de temps.

En 1820, on convint définitivement d'un mode d'exécution qui paraissait répondre aux principales objections. Il fut décidé qu'une ville serait fondée à la côte ouest d'Afrique et destinée à devenir le centre et la capitale d'un nouvel état peuplé d'hommes de race africaine élevés au niveau de la civilisation actuelle et dotés de la plénitude de leurs droits civils et politiques. Tel était le but que s'était proposé déjà la société organisée en 1816, sous le titre de *Société américaine pour la colonisation des hommes de couleur libres des*

États-Unis [6]. Du reste, ni le lieu ni les moyens d'exécution n'avaient été précisés dans l'origine, et on laissait au temps et à la philanthropie éclairée des membres le soin d'indiquer les meilleures et les plus pratiques combinaisons. Quant aux ressources financières, on ne pouvait compter que sur des souscriptions particulières ; quelques états cependant accordèrent des subventions.

L'Afrique était la contrée qui se présentait en première ligne à l'esprit de tous pour l'établissement des nouvelles colonies. Là, le nègre se retrouvait chez lui, et les progrès de l'émigration noire ne pouvaient risquer de porter ombrage à aucune puissance blanche. A pareille distance, les colons blancs les plus obstinés dans leurs préjugés pouvaient reconnaître les droits politiques et civils de leurs anciens esclaves; ils pouvaient même sans crainte se faire honneur de principes libéraux et figurer dans des *meetings* anti-slavistes.

En 1820 [7], le premier bâtiment de la Société de colonisation, 'Elisabeth, mit à la voile pour la côte d'Afrique, et débarqua quatre-vingts émigrants noirs et plusieurs agents chargés de préparer les voies à une installation régulière. Le point fut, dit-on, mal choisi: le climat était fort malsain, la saison défavorable, et la mortalité fut effrayante parmi le personnel de cette première expédition; on l'évalue à un tiers. Loin de se décourager, la société prépara une tentative nouvelle en 1821, et cette fois l'émigration fut dirigée sur Sierra-Leone, avec ordre d'attendre que tout fût prêt aux lieux désignés pour un établissement définitif. On négociait cependant avec les chefs indigènes, et le 15 décembre 1821 fut signé un traité qui livrait à la Société de colonisation américaine un territoire qui s'étendait à partir du cap Mesurado sur une longueur de côtes et une profondeur dans l'intérieur assez restreintes d'abord (on l'évaluait à 130 milles de côtes sur 40 milles de profondeur, soit 209 kilomètres sur 64), mais qui successivement a été augmenté de diverses annexes. Les dimensions du nouvel état peuvent être aujourd'hui calculées sur une longueur de côtes de près de 800 kilomètres et une profondeur de 130 kilomètres dans l'intérieur du pays. Le premier contrat, signé par la société avec les chefs indigènes, est assez curieux pour mériter d'être transcrit ici. En voici la traduction :

« Qu'il soit fait savoir à tous que ce contrat a été fait le 15 décembre

1821 entre le roi Peter, le roi George, le roi Zoda, le roi Long Peter, leurs princes et leurs chefs, — d'une part;

« Le capitaine Robert T. Stockton et le docteur Eli Ayres, — d'autre part.

« Attendu que certaines personnes, citoyens des États-Unis d'Amérique, ont le désir de s'établir sur la côte ouest de l'Afrique, et qu'elles ont chargé avec pleins pouvoirs le capitaine Robert T. Stockton et le docteur Eli Ayres de traiter et acheter de nous le territoire de... (Suit la description du territoire.)

« Étant pleinement convaincus des intentions justes et pacifiques desdits citoyens, et étant désireux de leur prouver la réciprocité de leur amitié, et toutefois en considération de ce qu'il nous a été payé comptant, nommément six mousquets, une boîte de perles de verre, deux boucauts de tabac, un baril de poudre, six barres de fer, dix pots de fer, douze couteaux et douze fourchettes, douze cuillers, six pièces de toile de Guinée bleue, quatre chapeaux, trois habits, trois paires de souliers, une boîte de pipes, un baril de clous, trois miroirs, trois pièces de mouchoirs, trois pièces de calicot, trois cannes, quatre parapluies, une boîte de savon et un baril de rhum;

« Et qu'il nous sera payé plus tard ce qui suit ;

« Six barres de fer, une boîte de verroterie, cinquante couteaux, vingt miroirs, dix pots de fer, douze fusils, trois barils de poudre, douze plats, douze couteaux, douze fourchettes, vingt chapeaux, cinq barils de bœuf, cinq barils de porc, dix barils de biscuit, douze carafes, douze gobelets de verre et cinquante souliers;

« Pour toujours cédons et abandonnons les terres ci-dessus décrites à Robert T. Stockton et Eli Ayres, afin qu'ils puissent les posséder et les consacrer à l'usage desdits citoyens américains.

« Ont signé :

« Capitaine R.-T. Stockton,

« Eli Ayres, docteur-médecin [8]. »

Enfin, après plusieurs tentatives infructueuses, après de cruels désappointements, le traité étant scellé et ratifié, la Société de colonisation fut mise en possession d'un territoire convenable et, ce qui était encore plus important, d'un lieu salubre pour y former un établissement. Les pauvres colons originaires, qui, d'abord installés à l'île de Sherbro, se trouvaient alors à la baie de Tourra, furent transportés à leur résidence définitive. Des dangers et des obstacles de toute nature accueillirent leurs premiers efforts; mais ils en triomphèrent à force de courage et de persévérance, et le 25 avril 1822 le pavillon américain flotta sur le cap Mesurado.

La première année de l'établissement fut marquée par une attaque furieuse des populations environnantes qui n'avaient pas approuvé la cession faite par les rois signataires du traité du 15 décembre. L'agent de la Société de colonisation, M. Ashmun, sauva la colonie naissante par son intelligence et son courage, puis il alla aux îles du Cap-Vert rétablir sa santé, détruite par des fatigues inouïes, et revint en août 1824 avec le révérend docteur Gurley, qui avait mission de régler quelques différends et de constater la position de la colonie. Le révérend docteur Gurley apporta la nouvelle que l'établissement de la Société américaine prendrait désormais le nom de *Libéria*, qui rappelait son origine et son but, et que la ville fondée au cap Mesurado prendrait celui de *Monrovia*, en l'honneur de M. Monroë, président des États-Unis, qui avait toujours montré la plus vive sympathie pour la Société de colonisation et les émigrants.

Des progrès de quelque importance se firent remarquer à partir de 1824. On bâtit à Monrovia des maisons en pierre, un petit fort armé de six canons, des chapelles, des écoles, un hôpital. On commença à cultiver les terres, on lit de nouvelles acquisitions de territoires négociées avec les chefs indigènes qui commandaient sur les bords de la rivière Saint-Paul, et l'arrivée de nouveaux émigrants permit de fonder une seconde ville, qui prit le nom de Caldwell, en l'honneur du promoteur du premier *meeting* convoqué dès 1816 à Washington. En 1828, M. Ashmun, épuisé par ses travaux, quitta Libéria et mourut peu de jours après son arrivée aux États-Unis; il fut enterré à Newhaven, où la Société de colonisation lui fit élever un monument.

Depuis quelque temps déjà, on avait monté une imprimerie à Monrovia; Jean-Baptiste Russwurm fit paraître, en 1829, le premier journal sous le titre de Libéria Herald. Cette publication fut accueillie avec un grand intérêt aux États-Unis. A cette époque aussi, deux missionnaires américains firent un voyage dans la Libéria et rendirent un compte favorable de ses progrès moraux et matériels, engageant les hommes de couleur libres des États-Unis à rejoindre leurs frères et à aller chercher auprès d'eux les bienfaits de la liberté politique, de l'éducation et du bien-être. Deux nouveaux établissements furent ensuite formés, l'un dans le pays de Bassa, l'autre au cap Monte, le premier distant de soixante-cinq milles sud de Monrovia (cent quatre kilomètres), le second à quarante-huit milles (soixante-dix-sept kilomètres) nord. Ces deux points avaient depuis longtemps attiré l'attention de M. Ashmun. La colonie continua de prospérer sous l'administration du docteur Mechlin, venu en Afrique en qualité de médecin. M. Mechlin traita d'abord avec le chef Bob-Grey, en qui il trouva un appui énergique et une grande disposition à adopter les idées européennes, et le pays de Bassa vit naître une nouvelle ville à laquelle on donna le nom d'Edina, en l'honneur des citoyens d'Edimbourg qui avaient envoyé des secours à la Libéria. L'établissement d'Edina fut marqué par l'abolition d'un odieux monument de la superstition des natifs. C'est là qu'était le trop fameux *buisson du diable*, autour duquel se rassemblait le peuple, lorsqu'une calamité quelconque, toujours attribuée à la sorcellerie, venait fondre sur la contrée. Le *grand diable* désignait un individu qui devait être soumis à une terrible épreuve : on le forçait de boire l'énorme quantité de deux gallons (huit litres environ) d'une liqueur empoisonnée extraite d'un arbre nommé *sassy*. Si le patient rejetait immédiatement la liqueur, il était déclaré innocent; mais si son estomac trop robuste la conservait, il tombait bientôt dans un état affreux et se voyait alors pourchassé sur une plage de sable à coups de couteau et de bâton jusqu'à ce qu'il succombât sous la double atteinte du poison et des blessures. Le *buisson du diable* fut rasé, et à sa place s'éleva une chapelle de chrétiens baptistes.

Un établissement au cap Monte n'était pas sans difficultés. Les Anglais avaient échoué à plusieurs reprises dans leurs négociations avec les chefs indigènes pour se faire concéder un territoire. Le gouverneur Mechlin parvint enfin à obtenir l'autorisation d'y fonder un comptoir de commerce, qu'il fit ensuite fortifier. Il obtint en outre que la traite serait supprimée sur le point qui avait été longtemps l'un des principaux marchés des trafiquants d'esclaves. Plusieurs des chefs voisins pressentirent assez promptement les avantages que leur procureraient des relations intimes avec les

Libériens et demandèrent à être admis dans le nouvel état, ce qui amena la suppression de quatre petites souverainetés. D'autres chefs au contraire virent avec jalousie les progrès de la nouvelle colonie, contre laquelle ils entamèrent des hostilités qui furent promptement et énergiquement repoussées par le gouverneur Mechlin. Les succès de cet habile administrateur amenèrent la pacification et la soumission de cinq nouveaux chefs.

De 1829 à 1834, la colonie poursuivit ses progrès avec lenteur, mais sans troubles. L'année 1 834 fut marquée par des embarras assez sérieux; les chefs de l'intérieur se livrèrent entre eux à des guerres cruelles; le commerce, l'approvisionnement même de la Libéria, en furent sensiblement affectés. On décida alors d'envoyer une ambassade auprès du plus puissant des chefs ennemis, le roi Boatswain, pour tenter de ramener la paix. Cette ambassade n'eut pas tout le succès désirable, mais elle contribua puissamment à faire apprécier à sa valeur l'état de Libéria et à faire pénétrer des germes d'humanité et de civilisation parmi des tribus sauvages. Un missionnaire attaché à l'ambassade parvint même à fonder une école à Bo-Poro, capitale des états du roi Boatswain, et à donner à quelques-uns des naturels le désir d'apprendre l'anglais. Le roi envoya immédiatement à Monrovia une caravane composée de trois cents hommes qui conduisaient une grande quantité de marchandises, et particulièrement du riz, de l'ivoire, des étoffes et du *camwood*[9].

En 1835, la société particulière de la *colonisation des jeunes gens de la* Pensylvanie[10] *envoya des agents chargés de traiter avec le gouvernement de* Libéria pour la fondation d'une nouvelle colonie. Le point choisi fut Bassa-Cove, sur la belle rivière Saint-Jean, vis-à-vis Edina, et ce choix était d'autant plus heureux, qu'indépendamment de ses avantages naturels pour le commerce intérieur et extérieur, on avait l'espoir fondé de détruire encore un des principaux foyers de la traite des noirs. Bien que reliée à la colonie mère et devant agir d'accord avec elle, cette nouvelle colonie manifesta le désir d'introduire dans son administration intérieure certaines prescriptions particulières tendant à moraliser aussi bien les colons que les indigènes avec lesquels on pourrait établir des rapports. En conséquence, on demanda aux nouveaux colons de consentir : 1° à l'entière abstinence de toute liqueur spiritueuse, — 2° à une renonciation complète au commerce des liqueurs spiritueuses et aux arts de la guerre, — 3° à la propagation immédiate du christianisme parmi les populations idolâtres du voisinage. Le noyau de la nouvelle colonie fut composé avec grand soin d'hommes connus pour leur habileté dans divers métiers aussi bien que pour leurs sentiments honorables. On y comptait cent vingt-six personnes, et, parmi elles, des forgerons, des charpentiers, des cordonniers, des tisserands, des tailleurs, des fileurs, des briquetiers et des maçons. — Avant de s'embarquer pour l'Afrique, ils se constituèrent en société de tempérance, et jamais peut-être commencements d'établissement n'eurent heu sous de plus favorables augures. Reçus à bras ouverts dans la Libéria, les nouveaux arrivants furent conduits à Bassa-Cove, où ils se mirent à l'ouvrage avec ardeur. Au bout de sept mois, les émigrants étaient logés convenablement dans dix-huit bonnes maisons, entourées de terrains cultivés donnant l'espoir d'une abondante récolte. Une maison pour le gouvernement fut construite; elle avait 50 pieds de long sur 20 de large, deux étages et un jardin de deux acres bien fourni et bien clos.-— Tout allait donc au mieux, lorsqu'on s'aperçut d'un refroidissement sensible dans les relations avec les naturels. Le chef de la colonie, homme faible et confiant, refusa les secours qu'on lui offrait, et, malgré l'évidence, ne voulut jamais croire aux mauvaises intentions de ses voisins. Le lendemain du jour où les volontaires d'Edina venus au secours des émigrants et renvoyés par leur chef repassaient la rivière Saint-Jean, Bassa-Cove fut attaqué par les sauvages, dix-huit habitants furent tués ou blessés; le reste s'enfuit, les maisons furent incendiées et les plantations détruites. Les assaillants, enflés par ce succès facile, voulurent attaquer Edina même; mais l'assistance du chef indigène Boh-Grey et la bonne contenance des habitants les forcèrent à reculer. On apprit alors qu'un chef noir, Joé-Harris, avait dirigé l'attaque, à instigation du capitaine d'un bâtiment négrier qui l'avait menacé d'aller faire la traite ailleurs, s'il ne se débarrassait du voisinage des Américains. Joé-Harris ne tarda pas à s'apercevoir qu'il avait fait une grande faute; il envoya proposer, avec des réparations pour les dommages causés, une cession de territoire et toutes garanties pour l'avenir. Le village fut rebâti, par mesure de sécurité, à deux milles au nord de celui qui avait été détruit et s'était d'abord appelé Port-Cresson. Le nouvel établissement fut mis à l'abri des attaques des négriers, et, sous le nom définitif de *Bassa-Cove*, fit de rapides progrès.

L'année 1839 marque une date solennelle pour l'état naissant : elle fut signalée par l'entrée de la Libéria dans les voies d'une organisation politique régulière. Des établissements particuliers avaient été fondés par diverses sociétés de colonisation, et on n'avait jamais pu s'entendre sur des mesures d'intérêt général. On sentit alors le besoin de centraliser le pouvoir. Un comité fut nommé pour rédiger un projet de constitution avec l'approbation de la Société américaine de colonisation, et le projet devint définitivement la loi du pays en avril 1839; en voici les principaux articles :

« Article 1er — Les pouvoirs législatifs seront remis aux mains d'un gouvernement et d'un conseil, mais les lois édictées par eux pourront être révoquées par le conseil de colonisation.

Article 2. — Le conseil se composera de représentants élus par le peuple et dans une juste proportion. Le territoire sera divisé en deux comtés. Les districts de Monrovia, Caldwell, Millsburg et New-Georgia constitueront un comté qui prendra le nom de comté de Mesura de et enverra six représentants. Bassa-Cove, Marshall, Bexley et Edina formeront un comté sous le nom de Bassa et enverront quatre représentants.

« Article 15. — Le pouvoir judiciaire sera confié à une cour suprême et à telles cours inférieures que le gouvernement et le conseil pourront instituer. Le gouverneur sera ex officio chef de la justice de Libéria.

« Article 20. — L'esclavage n'est pas admis.

« Article 21. — Le commerce des esclaves est interdit à tous les citoyens de la Libéria, soit en dedans, soit en dehors des frontières de l'état.

« Article 23. — Le droit au jugement par jury et le droit de pétition seront inviolables.

« Art. 25. — Tout citoyen mâle âgé de vingt et un ans jouira du droit de suffrage.

« Article 26. — Toutes les élections auront lieu au scrutin. »

Une discussion assez vive s'était élevée dans le comité de rédaction de la constitution sur la question des récompenses à donner aux missionnaires, agents et autres personnes de couleur blanche qui avaient rendu des services au pays. Le président voulait qu'on leur accordât des terres, mais le comité s'y opposa, et on finit par déclarer à l'unanimité, et avec l'approbation de la Société de colonisation, qu'aucun blanc ne pourrait être propriétaire foncier en Libéria. C'était, selon moi, une prescription fort sage, car l'activité et l'intelligence pratique des blancs n'auraient pas tardé à envahir toutes les positions, tous les hauts emplois, et à détruire le principe d'un établissement qui portait en lui d'incontestables germes de fécondité.

Le nouveau gouverneur, M. Buchanan, et la législature libérienne s'occupèrent d'abord d'organiser le service des postes, puis ils émirent des résolutions au sujet des asiles, des maisons d'éducation; enfin la machine fonctionna régulièrement et utilement. Quelle était toutefois la position réelle de la colonie à cette époque où elle commença à vivre de la vie des nations? Il est assez difficile de le savoir d'une manière précise, soit que l'on ait négligé les détails statistiques, soit qu'on ait cru préférable de ne pas publier le chiffre bien faible encore de la population qu'avaient pu, après dix-huit ans d'efforts et de dépenses, réunir les diverses sociétés de colonisation américaine. On trouve bien, dans les documents publiés, que la Libéria comptait alors neuf villes, et qu'elle pouvait mettre à la disposition des colons 500,000 acres des terres les plus fertiles, qu'il y avait quatre imprimeries et deux journaux, vingt et une églises avec trente ministres, dix écoles de tous les jours et d'autres pour le dimanche; mais nous sommes beaucoup moins édifiés sur la population, le commerce, la production agricole et la marine : en portant la population totale à trois ou quatre mille individus émigrés des États-Unis, on ne saurait être cependant fort loin de la vérité.

En 1841 mourut le gouverneur Buchanan, auquel succéda M. Roberts. Les premiers moments de l'administration de ce nouveau chef furent occupés par les soins à donner à l'instruction publique, qui prenait une grande extension. Les naturels eux-mêmes attiraient les missionnaires et envoyaient leurs enfants dans les écoles de Libéria, quand ils le pouvaient. On fut ensuite obligé de faire régler des difficultés qui survenaient avec les bâtiments anglais qui fréquentaient la côte d'Afrique, et prétendaient arguer de traités faits antérieurement avec des chefs de l'intérieur pour commercer à leur guise sans payer aucuns droits au gouvernement de Libéria. Puis, des discussions s'étant élevées entre des chefs indigènes, le gouverneur Roberts intervint comme médiateur et rallia tous les intéressés à un traité d'amitié et d'alliance avec la Libéria après les avoir conciliés entre eux. Ce traité fut un véritable triomphe pour la Libéria, car toutes les parties intervenantes s'engageaient à supprimer à jamais le commerce des esclaves sur leur territoire, et à ne plus user, dans les procès criminels, des abominables épreuves par le poison ; les lois de la colonie libre devaient être seules appliquées.

Ce traité, aussi remarquable par les sentiments d'humanité qu'il révélait chez de petits tyrans indigènes jusqu'alors inaccessibles à la pitié que matériellement avantageux pour le nouvel état, auquel il conquérait d'utiles alliés, fut signé le 22 février 1843. Un autre, non moins utile, fut conclu la même année avec les habitants du pays de Kroo, qui s'étend depuis Sinou jusqu'à trente milles vers le cap Palmas. La population, évaluée de trente à quarante mille âmes, est à la fois honnête, active, économe et industrieuse. Les habitants du pays de Kroo sont les meilleurs marins et les pilotes indispensables de la côte, qu'ils parcourent sur une longueur de quinze cents milles. Ils ne se sont jamais livrés directement au commerce des esclaves, mais ils sont les auxiliaires obligés des traitants, qui ne pourraient rien faire sans eux. La convention entre le chef de Kroo et le gouverneur Roberts stipule qu'aucun étranger, à l'exception des citoyens appartenant à la Libéria ou à la Société de colonisation américaine, ne pourra posséder, acheter, louer ou se faire concéder quoi que ce soit dans le pays de Kroo. Cette condition avantageuse, indépendamment de ce qu'elle ouvrait un large débouché à la Libéria, lui assurait une grande exportation de *camwood* et d'huile de palme, et la débarrassait des inquiétudes que lui donnaient constamment les trafiquants étrangers.

En 1 844, M. le prince de Joinville visita la Libéria avec intérêt et y prit de nombreuses informations. L'année 1845 fut aussi marquée par un fait digne d'attention. Le chef Bah-Gay, qui commandait dans le pays de Petit-Bassa, se vit menacé par un voisin puissant qui voulait le contraindre à reprendre le trafic des esclaves. La population entière se souleva et demanda à entrer dans la communauté libérienne; l'annexion fut proclamée par le traité du 5 avril.

Les années 1846 et 1847 prendront la première place dans l'histoire du pays, puisque c'est pendant cette période que fut préparée et proclamée son indépendance. Nous avons vu que des difficultés avaient surgi à propos du refus que faisaient les trafiquants anglais de payer des droits au gouvernement de la colonie. Après d'assez longues négociations à Washington et à Londres, le gouvernement anglais finit par déclarer qu'il ne pouvait reconnaître à aucune société particulière, *quelque respectable quelle fut d'ailleurs*, le droit de prélever un tribut quelconque sur ses nationaux, et que, tant que la colonie de Libéria ne serait qu'une émanation de la Société de colonisation des États-Unis, les navires et les marchandises couverts du pavillon britannique n'y seraient soumis à aucune taxe. La position était fort délicate pour la Libéria, qui n'avait ni la force ni le droit à invoquer en sa faveur. Elle n'eut donc plus qu'une ressource pour faire consacrer son établissement : ce fut de proclamer son indépendance, malgré la faiblesse de sa population et l'exiguïté de ses ressources. La Société de colonisation des États-Unis abandonna généreusement toutes ses terres au nouvel état libre, et ne se réserva que la portion du territoire nécessaire aux progrès de l'émigration, avec un prélèvement de 10 pour 100 sur les ventes de terres applicables aux besoins de l'éducation. Le peuple fut alors consulté, une convention réunie, une constitution rédigée, et la déclaration fut faite et envoyée à toutes les nations civilisées. Enfin, le 24 août 1847, après un service religieux solennel, on hissa le pavillon national libérien [11], et le nouvel état entra dans l'ère de son indépendance politique, civile et religieuse.

Le peuple ayant pleinement accepté la constitution, les premières élections eurent lieu le 27 septembre. Joseph-J. Roberts fut nommé président pour deux ans, et Nathaniel Brander vice-président. Quelques semaines après, l'escadre américaine des côtes d'Afrique et un sloop de guerre anglais vinrent en race de Monrovia reconnaître la nouvelle république et saluer le pavillon libérien de vingt coups de canon. La proclamation de l'indépendance rappelait que le peuple de Libéria était originaire des États-Unis, qu'il y avait été privé de ses droits de citoyens aussi bien par les lois que par les préjugés des blancs; que, tout espoir de retour à des sentiments plus favorables à la race noire étant perdu, on avait dû songer à fonder un asile pour les victimes d'une exclusion imméritée. On déclarait que la côte ouest de l'Afrique avait été choisie, et que, grâce à la bienveillante et philanthropique sollicitude de la Société de colonisation, l'état de Libéria serait à l'avenir le point de ralliement des noirs et hommes de couleur qui voudraient jouir des avantages civils et politique que Dieu a concédés à toutes les races. On proclamait aussi que, sur cette plage lointaine, des milliers d'hommes libres étaient déjà réunis et que de grandes espérances étaient déjà réalisées, que des temples y étaient élevés au vrai Dieu, que des tribunaux y rendaient la justice et que des écoles y distribuaient les bienfaits de l'éducation. Bien plus, les Africains natifs, se prosternant au pied de l'autel du Dieu vivant avec les citoyens de la Libéria, avouaient que la lumière du christianisme avait pénétré jusqu'à eux, et que le trafic maudit des esclaves recevait un coup mortel partout où s'étendait l'influence du nouvel état. Par toutes ces considérations, on faisait appel à toutes les nations civilisées, et on sollicitait leur bienveillance et leur appui en faveur de la république naissante. Quant à la constitution, elle proclamait l'interdiction formelle du trafic des esclaves dans l'état de Libéria : aucun de ses citoyens ne pourrait s'y livrer ni au dedans ni au dehors de ses frontières. Le pouvoir législatif était confié à un sénat et à une chambre des représentants. Le sénat devait être composé de deux membres élus par chaque comté; pour être sénateur, il fallait être résidant dans le pays depuis trois ans, avoir au moins vingt-cinq ans et posséder un revenu de 200 dollars (1,050 fr.). Pour la chambre des représentants, deux ans de résidence, vingt-trois ans d'âge et la possession constatée de 50 dollars formaient les principales conditions d'éligibilité. Quant au nombre de représentants, il devait être fixé en raison de la population. Pour la première élection, on divisait le territoire en trois comtés : 1° celui de Mesurado, qui élisait quatre députés; 2° celui de Bassa, trois; 3° celui de Sinou, un. Il devait y avoir ensuite un député par mille âmes d'augmentation dans la population. Le pouvoir exécutif était dévolu à un président âgé au moins de trente-cinq ans, ayant cinq ans de résidence et possédant six cents dollars. Le pouvoir judiciaire était attribué à une cour souveraine de justice et à des tribunaux inférieurs institués par la législature.

La première session du nouveau parlement s'ouvrit au commencement de 1848. Après l'installation des chambres, le président Roberts, assisté de deux commissaires, partit pour visiter les États-Unis et les principaux états de l'Europe. Il fut parfaitement accueilli partout, ainsi que ses compagnons; l'Angleterre fit un traité de commerce sur le pied d'une complète égalité, et gratifia la Libéria d'un joli cutter de guerre armé de quatre canons. La France reconnut immédiatement le nouvel état, lui fit cadeau de quelques armes et donna l'ordre à son commandant de la station d'Afrique d'aller se mettre en rapport avec le gouvernement libérien et de l'aider à détruire la traite sur son territoire. La frégate *la Pénélope* arriva sur la rade de Monrovia à la fin de février 1849, et salua de vingt et un coups de canon le pavillon du nouvel état ; notre division fut on ne peut mieux reçue, et les banquets, les toasts, les discours signalèrent cette démarche bienveillante de la France.

Peu de jours après la visite de la Pénélope, le président Roberts, à la tête d'un détachement de milice libérienne, s'embarqua sur le bâtiment français à vapeur *l'Espadon*, qui, accompagné de la corvette américaine *Yorktown* et du brick anglais *Kingfisher*, se dirigea vers New-Sesters, afin d'y détruire un des principaux établissements négriers de la côte. L'expédition réussit, grâce surtout à *l'Espadon*, qui, vu son faible tirant d'eau, put s'approcher de la côte et protéger de son artillerie le débarquement et les opérations de la colonne libérienne. Trois mille cinq cents esclaves furent rendus à la liberté, les barracons des traitants furent incendiés, l'établissement détruit, et l'un des principaux foyers de ce honteux trafic fut supprimé. Une expédition du même genre eut lieu à *Trade-Town* et réussit également. Le parlement de Monrovia exprima dans une adresse ses remercîments et sa reconnaissance pour la France et pour les officiers de notre marine.

Rien de saillant ne s'est produit dans le nouvel état de Libéria depuis la fin de février 1849. Les deux dernières années paraissent s'être écoulées paisiblement; les institutions se consolident et fonctionnent avec régularité; la population américaine a peine à s'augmenter, et on ne l'évaluait pas à plus de dix mille âmes en 1851. Des souscriptions sont ouvertes dans tous les états de l'Union, et plusieurs législatures ont même voté des fonds pour favoriser l'émigration à la côte d'Afrique. Les prédications, les raisonnements les plus forts sont employés; cependant rien n'ébranle la masse des gens de couleur des États-Unis, rien ne les tire de leur apathie, rien ne leur donne le sentiment de la dignité du citoyen.

La colonisation de la côte ouest de l'Afrique aura eu toutefois deux excellents résultats, que l'on ne peut assez proclamer dans l'intérêt de l'humanité : elle aura contribué plus que toutes les escadres et les croisières à supprimer la traite, et elle aura porté le flambeau de la civilisation parmi les peuples barbares de la Guinée. Chaque jour, de nouvelles tribus se rangent sous la bannière de Libéria et d'une colonie voisine dont nous allons parler, Maryland; le rapport fait au congrès par le révérend Gurley, envoyé spécial du gouvernement des États-Unis (Washington, 14 septembre 1850), constate qu'une population indigène de trois cent mille âmes vit sur le sol des deux colonies, se conforme à leurs lois et s'efforce de se plier à leurs coutumes. Plus de cinquante mille individus ont appris l'anglais; les missionnaires sillonnent le pays dans tous les sens, et rallient chaque jour de nouveaux adhérents à la sainte cause du christianisme. En même temps l'éducation publique se répand, et de nombreuses écoles pourvoient à ses nécessités; le besoin d'apprendre gagne de proche en proche, et il n'est pas rare de voir arriver de l'intérieur des enfants qui ont fait de 6 à 800 kilomètres pour venir demander à Monrovia ou à Caldwell les connaissances que leur refuse leur pays natal. Le commerce se développe aussi dans des proportions considérables. Dès 1849, quatre-vingt-deux bâtiments de commerce avaient déjà visité Monrovia, et y avaient échangé des marchandises contre des produits naturels de l'Afrique montant à environ 3 millions de francs. L'accroissement se soutient d'année en année; on en trouve la preuve dans une lettre officielle adressée par M. Lewis, secrétaire de la trésorerie, à M. Gurley : « La Libéria reçoit de l'extérieur des objets de consommation de toute nature, vêtements, meubles, vivres, armes, papier, etc….. et aussi beaucoup d'articles pour l'approvisionnement des populations de l'intérieur, car on prétend qu'il n'y a pas moins de deux millions d'indigènes qui reçoivent par les colonies américaines les objets dont ils ont besoin. Les principaux articles d'exportation sont l'huile de palme, le *camwood*, l'ivoire, le riz, la poudre d'or. On a fait des essais de plantation de tous les végétaux des climats chauds et même tempérés : le coton, la canne à sucre, le café et le cacao, qui n'exigent pas de fortes dépenses, paraissent devoir être une source de grands bénéfices. Le cafier croit naturellement dans les forêts, et donne des produits que l'on compare à ceux de l'Yemen, connus sous le nom de café moka. Il suffit de brûler la terre, et, après un léger labour, d'y planter des boutures du cafier indigène à raison de 250 pieds par acre (48 ares). Au bout de trois ans (on a même vu des cafiers rapporter au bout de deux ans), on récolte trois à quatre livres de café par pied; à six ans, on obtient le maximum de production, qui est de six livres anglaises en moyenne. Les fermes de la Libéria se couvrent donc de cafiers, sur lesquels on fonde de grandes espérances, et le comté de Bassa paraît être celui où cette culture réussit le mieux. Le cacao semble aussi destiné à devenir l'objet d'une forte exportation. Les végétaux purement alimentaires, tels que la cassave, l'igname, la pomme de terre, l'arrow-root, le blé même, ont parfaitement réussi. Il faut tenir compte toutefois de la différence des terrains et des expositions. »

L'agriculture ne s'est pas encore établie sur une grande échelle, et ce qu'on appelle *fermes* en Libéria ne ressemble guère qu'à nos vergers ou à nos jardins potagers. L'obligation de pourvoir d'abord à la nourriture de la famille a dû nécessairement s'opposer au développement des établissements ruraux dans une colonie naissante; mais on arrivera sans aucun doute à fonder, comme partout ailleurs, des plantations importantes, dès que le temps, le commerce et l'économie auront augmenté les capitaux et la connaissance des ressources du pays. Une circonstance bizarre a d'ailleurs entravé jusqu'ici les tentatives de grande culture. Les animaux de trait et de somme manquent complètement dans la Libéria. On a apporté des chevaux des États-Unis, des ânes du Cap-Vert; aucun n'a vécu, et cependant cette partie de l'Afrique ne paraît différer en rien d'autres contrées de ce même continent, où l'on élève avec succès de très belles races de chevaux, de vaches et d'autres animaux utiles. Il faut croire que jusqu'ici les essais ont été mal conduits, et que la facilité des transports par eau, jointe au faible développement des cultures, n'aura pas fait sentir aux Libériens la nécessité de se pourvoir d'animaux qui sont les instruments obligés des travaux agricoles. Les bâtiments qui arborent le pavillon national sont encore peu nombreux. Cependant on a commencé à construire ou plutôt à faire construire aux États-Unis plusieurs navires de divers tonnages; mais la création la plus véritablement utile est celle d'une ligne de paquebots à voile qui circulent entre Baltimore et Monrovia, et établissent des communications fréquentes et régulières entre la métropole et ses intéressantes colonies.

Le climat est chaud, comme on peut le croire d'une contrée aussi voisine de l'équateur; cependant il n'a rien d'excessif, et le thermomètre de Farenheit se maintient toujours entre 65 et 87 degrés (20 et 30 degrés centigrades environ). Le pays est salubre, et jamais, disent les documents authentiques, on n'y voit de maladies épidémiques. Les indigènes et les personnes bien acclimatées jouissent d'une santé parfaite; les arrivants sont sujets à une fièvre d'acclimatement assez dangereuse, et due, à ce qu'il paraît, à des marécages alimentés par la saison des pluies. On a commencé quelques travaux de dessèchement; mais, en attendant qu'ils aient pu donner des résultats appréciables, il y a une précaution bien simple à prendre, précaution infaillible au dire d'un missionnaire qui a fait de nombreuses observations à ce sujet : elle consiste simplement à ne pas séjourner au bord de la mer en arrivant dans la Libéria, à aller se fixer dans l'intérieur, et à ne se rapprocher du littoral qu'au bout d'un certain temps.

Les revenus de l'état consistent dans un simple droit *ad valorem* perçu sur les marchandises importées; ce droit est de 6 pour 100; il faut y ajouter une surtaxe sur quelques articles, tels que les armes à feu, le tabac, le sel et les liqueurs spiritueuses. Il est perçu aussi un droit de patente sur les négociants et détaillants. Le tout peut monter à 20 ou 25,000 dollars par an.

La force armée du pays se compose de mille à quinze cents hommes de milice. Le territoire est ainsi délimité quant à présent : il a pour frontière nord la rivière de la Manna, par 6 degrés 62 minutes de latitude nord, et n'est plus séparé de la colonie anglaise de Sierra-Leone que par le district des Gallinas, le marché principal du commerce des esclaves. Au sud, il a pour limite la rivière de Grand-Sesters, par 4 degrés 35 minutes nord, et il confine avec la colonie de Maryland-in-Libéria. On fait depuis longtemps des tentatives pour acheter le territoire des Gallinas, ce qui expulserait définitivement la traite de la côte des Grains. Le développement de la frontière maritime est de 350 milles anglais (563 kilomètres), la profondeur moyenne est de 40 milles anglais (64 kilomètres).

Dans ses conditions actuelles, la république de Libéria se suffit à elle-même, et peut résister aux attaques des rois indigènes et des négriers. Elle trouverait d'ailleurs un secours efficace dans les tribus alliées et dans les croiseurs des grandes puissances en cas de péril extrême; mais elle a prouvé jusqu'ici qu'elle avait assez d'énergie pour se tirer d'embarras dans la guerre, et assez de bon sens et de véritable esprit public pour prospérer dans la paix avec les institutions les plus libérales.

Appuyée sur un sol d'une rare fécondité, trouvant la main-d'œuvre à bon marché [12], animée de l'esprit de la religion, de la liberté et du travail, se recrutant parmi des populations primitives, dont elle adoucit les mœurs sans détruire la puissance productrice, dont elle éclaire l'esprit sans obscurcir l'intelligence, la république de Libéria peut raisonnablement compter sur un avenir calme et prospère. C'est peut-être un grand bonheur pour elle que les louables excitations des sociétés de colonisation américaines n'aient agi que sur la partie saine de la population de couleur des États-Unis, et soient restées sans effet sur les masses abâtardies. Celles-ci n'auraient apporté dans la colonie naissante que les goûts de luxe que crée la civilisation, et seraient restées étrangères aux nobles sentiments qui font le citoyen d'un état libre et laborieux.

Il est peut-être réservé à la nouvelle communauté de résoudre un grand problème en montrant ce que peut la race noire prise dans son état natif, dégagée à la fois et des traditions abrutissantes de l'esclavage et du dévergondage social d'Haïti. Si la race noire a eu ses Dessalines, ses Christophe et ses Soulouque, elle a eu aussi ses Ashmun et ses Roberts. Les premiers l'ont avilie et déshonorée; que les autres la réhabilitent, et ils auront bien mérité de la Providence et de la civilisation.

Une autre colonie voisine de Libéria s'est dévouée à la même œuvre : c'est celle de *Maryland-in-Libéria*. Aucun des états de l'Union n'a fait plus d'efforts que le Maryland pour se débarrasser de la lèpre de l'esclavage. Ces efforts sont attestés par une foule de mesures émanant de la législature locale et d'actes de coopération dus aux bons sentiments des citoyens. Le Maryland ne pouvait donc rester étranger au mouvement provoqué, en 1816, à Washington par M. Elias Caldwell; il suivit avec un intérêt soutenu toutes les opérations de la Société de colonisation, et lorsque les choses en furent arrivées au point de faire considérer comme viable l'établissement de la côte d'Afrique, en 1827, la législature vint en aide aux souscriptions particulières et vota un fonds annuel de 1,000 dollars (5,250 francs) dont le montant devait être versé dans la caisse de la société. En 1831, l'idée prévalut qu'il serait mieux que l'état du Maryland fît lui-même ses propres affaires et n'acceptât pas aveuglément les résultats d'actes sur lesquels il ne pouvait exercer aucun contrôle; de là la fondation d'une association particulière sous le nom de *Société de colonisation de l'état du Maryland* [13]. Son but était décentraliser dans ses mains toutes les ressources que l'état pouvait fournir pour contribuer à l'œuvre commune, tout en restant sous le patronage de la Société américaine.

Une première expédition fut faite à Monrovia; des malentendus firent échouer ses tentatives. La division se mit entre les deux sociétés, et celle du Maryland prit la résolution fort grave de fonder, en dehors de la Libéria, une autre colonie qui ne relevât que d'elle seule. Le cap Palmas, situé par 4 degrés 23 minutes de latitude nord (2 degrés environ plus sud que le cap Mesurado par conséquent), fut choisi pour le lieu d'établissement, et en novembre 1833 le navire l'*Ann* quitta Baltimore, sous la conduite du docteur Hall, emmenant avec lui dix-huit émigrants et quelques missionnaires méthodistes et presbytériens. Le projet étant de fonder une colonie destinée à devenir plus tard un état libre, on s'était occupé dès l'origine de ses institutions politiques, et le docteur Hall emportait avec lui une déclaration des droits et une ordonnance de gouvernement qui devait avoir force de loi jusqu'au jour où la colonie leurrait s'administrer elle-même. En outre, un des principes fondamentaux de la nouvelle société devait être l'abstention des liqueurs fermentées; on la constitua donc en société de tempérance et on fit voile pour le cap Palmas. Le docteur Hall toucha à Monrovia et y ramassa quelques colons provenant de la première expédition; il arriva enfin à sa destination à la tête de cinquante-quatre hommes. Les chefs indigènes avaient été prévenus pendant que l'*Ann* séjournait à Monrovia. On les trouva réunis et disposés à traiter d'une portion de leur territoire. Une difficulté grave surgit tout d'un coup cependant, quand les naturels entendirent parler de l'interdiction formelle des liqueurs fortes: ils invoquèrent leur goût prononcé, un usage de trois siècles ; mais le docteur Hall tint bon et vainquit la résistance des chefs. L'*Ann* retourna à Monrovia chercher les familles des nouveaux colons, débarqua tous les objets destinés à leur installation, et revint donner à Baltimore de bonnes nouvelles de la première expédition faite par l'état de Maryland livré à lui-même. D'autres bâtiments suivirent l'*Ann*, apportant de nouveaux colons et de nouveaux secours. Enfin, en 1835, le *Bourne* trouva la colonie solidement établie et à l'abri des craintes que l'on avait pu concevoir au lendemain de l'installation.

Cependant, après le départ de l'*Ann*, le roi du cap Palmas avait élevé le prix du riz. Le docteur Hall comprit tout de suite que céder à cette première exigence, c'était frayer la voie aux prétentions, aux violences les plus injustes. Il se rendit donc près du roi et lui déclara que, s'il ne pouvait obtenir du riz à un prix raisonnable, il allait envoyer un bâtiment en chercher ailleurs. Le roi menaça de couler le bâtiment, le docteur Hall menaça de brûler la ville. Après une violente altercation, le premier céda, et les choses rentrèrent dans l'ordre. Ce fut la première et la seule difficulté qu'éprouva la colonie du cap Palmas, plus heureuse en cela que sa voisine et sa devancière. Cette petite crise eut même pour Maryland une conséquence favorable, car des tribus indigènes, frappées de l'attitude des colons en présence d'une lutte qui paraissait inévitable et où trente-cinq hommes auraient eu à en combattre quinze cents, désirèrent aussi se mettre sous la protection d'un pays qui produisait de si énergiques citoyens. Un de leurs principaux chefs partit donc pour l'Amérique du Nord et alla demander des lois à la Société de colonisation.

L'année 1837 est le point de départ de l'existence morale et politique de la colonie du Maryland. A cette époque, on commença à confier l'administration aux gens de couleur eux-mêmes, et on promulgua un code de lois basé sur la déclaration des droits qui avait été, dès l'origine, donnée au docteur Hall chargé du gouvernement temporaire. Le commerce n'avait pu se faire jusqu'alors que par voie d'échange; à défaut de numéraire, on créa une petite quantité de papier-monnaie ayant une valeur réelle en denrées et toujours échangeable au magasin public au cours du marché. La nature et la valeur du billet étaient rendues intelligibles aux indigènes par des figures d'objets naturels; cette combinaison ingénieuse réussit très bien et a été employée jusqu'ici.

En 1841 eut lieu, à Baltimore, un *meeting* général de la Société de colonisation dans lequel, après avoir signalé de nouveau la fausse position des gens de couleur libres aux États-Unis et l'impossibilité où ils seraient toujours d'y jouir de droits égaux à ceux des autres citoyens, on continua à redoubler d'efforts pour faire prospérer la colonie d'Afrique. On prit en conséquence quelques mesures, dont la plus utile fut l'achat d'un navire destiné à servir de paquebot et à établir une communication régulière entre Maryland-in-Libéria et Baltimore. Deux années auparavant, les ressources financières de la société avaient été épuisées et l'on avait résolu de suspendre les expéditions, ce qui était d'ailleurs considéré comme utile, afin de laisser aux premiers émigrants le temps d'asseoir leur existence et de ne pas les accabler du poids des soins continuels à donner aux nouveaux venus. L'expérience prouva que la mesure était bonne, car les renseignements parvenus au *meeting* de 1841 établissent que la colonie était alors en pleine prospérité. Deux jolis villages, Harper et Mont-Tubman, étaient reliés par une avenue plantée, le long de laquelle étaient distribués les terrains cultivés par les colons. L'état sanitaire était des meilleurs et prouvait que l'emplacement avait été des mieux choisis; sur une population de cinq cents personnes, la mortalité était de neuf individus contre dix-sept naissances.

En 1843, on put songer à augmenter le territoire, et à cet effet on acheta le district de Fishtown, qui renfermait un havre excellent et fut signalé comme un point de mouillage et de ralliement pour l'escadre américaine. Cette importante acquisition fut suivie en 1846 de celle des districts de Tabou, Tahoc, Grand-Bereby, Petit-Bereby, de Bassa et de Garraway, qui complétèrent au Maryland-in-Libéria une frontière maritime de 130 milles anglais (210 kilomètres). A cette même époque (1843), on sentit le besoin de créer des ressources à la colonie, afin de lui préparer les moyens de se maintenir par elle-même. On autorisa donc le gouverneur à percevoir sur les marchandises un droit ad valorem qui variait de 5 à 10 pour 100, un droit de phare pour celui qui avait été construit sur le cap Palmas, et à délivrer des licences pour le commerce à ceux qui se montraient capables et dignes d'en profiter. Le commerce régulier prit donc son essor, et depuis lors il a paisiblement et heureusement continué sa course. Il porte sur les mêmes objets que celui de la Libéria; l'agriculture s'est développée avec facilité sur cette terre féconde, de petits navires ont été construits et font un cabotage profitable; la colonie enfin paraît être dans des conditions tout-à-fait normales pour assurer sa prospérité et son indépendance. Le gouverneur Russwurm est un homme de couleur fort capable et dont on fait grand cas aux États-Unis. La population émigrante se montait, lors du dernier rapport fait à l'administration de Baltimore (janvier 1850), à 804 individus, 388 hommes, 416 femmes [14]. On calculait que l'influence plus ou moins directe de la colonie s'étendait sur une population indigène de 100,000 âmes environ. La défense du pays est confiée à une milice composée de cent soixante-quinze hommes partagés en deux compagnies, une d'infanterie et une autre d'artillerie, toutes deux bien armées, bien habillées uniformément et exercées chaque semaine. Le pavillon adopté est celui des États-Unis, à l'exception des étoiles, qui, dans le champ bleu, sont remplacées par une croix blanche aux bras égaux. Le territoire est compris entre la rivière de Grand-Sesters par 4 degrés 35 minutes nord, qui forme la frontière de l'ouest, et la rivière San-Pedro par 5 degrés nord, qui établit à l'est la limite de l'état.

Le revenu public ne s'élevait encore qu'à 2,000 dollars environ d'après les derniers renseignements; mais la Société de colonisation pourvoit au surplus des frais d'administration, qui du reste sont réglés avec une stricte économie. Les doux villages renferment tous les édifices publics nécessaires à la défense, au culte religieux, à l'éducation et au gouvernement du pays. Deux petits forts convenablement armés protègent les abords du cap Palmas.

Telle est cette petite, mais fort intéressante colonie, qui s'élève à côté de l'état plus puissant de Libéria. Depuis 1832, époque de sa fondation, elle a justifié les espérances des amis de l'humanité par la sagesse et l'énergie de ses citoyens. Il est à remarquer que l'établissement de Maryland-in-Libéria n'a entraîné que des dépenses extrêmement modérées, grâce à la haute intelligence et à l'esprit pratique du comité d'administration de Baltimore. Les comptes de gestion font foi que de 1831 à 1850, en dix-neuf années, il n'a été déboursé que 285,964 dollars 43 cents (soit en argent de France 1,500,000 fr. environ, à 5 fr. 25 cent, le dollar), et encore faut-il déduire une somme de 300,000 fr. provenant des bénéfices faits par la société dans le commerce de la côte d'Afrique et appliquée à l'œuvre. C'est donc en réalité 1,200,000 fr. que l'on a dû demander tant à l'état du Maryland qu'aux souscriptions particulières, et c'est avec ces faibles ressources qu'on a transporté, logé et établi convenablement huit cents personnes, qu'on a préparé l'établissement d'un beaucoup plus grand nombre, et qu'on a répandu la double lumière du christianisme et de la civilisation sur des peuplades entières, croupissant jusqu'ici dans la misère et l'ignorance, et vouées aux coutumes les plus barbares, à commencer par le trafic des esclaves. Il n'y a pas en vérité assez d'éloges pour les hommes qui ont obtenu de pareils résultats avec d'aussi faibles ressources.

Section IV

Que conclure des dispositions de la race noire, telle que nous venons de l'observer, à Cuba, aux États-Unis et à Libéria? Le régime de la discipline impitoyable est contraire, on l'a vu, aux intérêts des propriétaires d'esclaves aussi bien qu'affligeant pour l'humanité. Le système de protection sévère, mais bienveillante, exercé aux États-Unis, a le double avantage de se concilier tout à la fois avec les exigences d'une philanthropie éclairée et celles d'une sage économie politique. Enfin le régime d'indépendance combiné avec une salutaire intervention de l'enseignement religieux est consacré aujourd'hui à Libéria par des résultats de plus en plus satisfaisants.

La France et l'Angleterre n'ont plus à se préoccuper du système espagnol, ni même du système des Américains du nord, qui s'appliquent l'un et l'autre au travail servile : c'est à des noirs émancipés qu'elles ont affaire. Il reste à choisir, pour elles, entre la conduite que tiennent les Américains du nord vis-à-vis des noirs libres sur leur propre territoire, ou les doctrines de charité, de discipline religieuse qui ont servi de base aux deux établissements de Libéria. Entre ces deux directions, c'est la seconde surtout qui nous paraît convenir au caractère des populations coloniales de l'Angleterre et de la France. Seulement il y a dans les possessions des deux pays diverses mesures à prendre pour assurer une pleine efficacité à l'œuvre de moralisation qui est devenue le complément indispensable de l'affranchissement.

L'expérience de l'émancipation a été, il faut le dire, ruineuse pour la plupart des colonies britanniques. Les Antilles anglaises, sauf la Barbade [15], sont tombées à un degré plus ou moins grand de misère. La Trinidad, ce prodige de fertilité, se débat sous les étreintes de l'émancipation et fait des efforts inouïs pour organiser son travail à des conditions tolérables : elle tire de l'Inde des légions de coulis [16] qu'elle emploie seuls ou met aux prises avec les noirs pour tâcher d'exciter quelque peu d'émulation. On ne peut toutefois se dissimuler que la position des planteurs ne soit des plus précaires, et chaque fois que le prix du sucre vient à baisser au-dessous de 3 piastres le quintal anglais (46 kilogr.), la colonie est en péril. En 1847, le prix du sucre étant tombé à 2 piastres un quart, la moitié des habitants a fait faillite; or il est certain que Cuba peut produire sans perte à 2 piastres et demi, à 2 un quart même dans certaines localités, et qu'elle tient dans ses mains le sort des autres Antilles.

C'est surtout la Jamaïque qui est dans un état navrant. On voit de tous côtés de magnifiques habitations désertées par leurs propriétaires et envahies par une végétation parasite; je ne crois pas exagérer en disant qu'il y avait au mois d'avril 1851 plus de la moitié des maisons de Kingston à louer, et un planteur, autrefois riche, me disait qu'il serait bien heureux de trouver 15,000 francs d'une propriété dont, avant l'émancipation, il avait refusé 250,000 francs. — Il faut dire cependant, pour être juste, qu'il y a aussi un peu de la faute des habitants, qui, après avoir touché une large indemnité (50 livres ou 1,250 francs par tête d'esclave à tout âge), n'ont pris aucune résolution d'ensemble, et ont laissé monter le salaire jusqu'au taux fabuleux d'une piastre par jour. Les noirs qui avaient un peu d'intelligence et de bonne volonté ont profité de cette bonne chance, et aujourd'hui que les ressources financières des colons sont fort amoindries, quand elles ne sont pas détruites, on ne trouve plus à faire cultiver dans des conditions normales.

La position de la France, en ce qui touche ses colonies, n'a pas de rapport intime avec celle de l'Angleterre. Les deux nations ne sont pas parties du même point et n'obéissent pas à la même idée. A la Martinique, les noirs ont fait preuve de modération, et même, dans quelques parties de l'ile, de reconnaissance pour les patrons qui cessaient d'être leurs maîtres. La main-d'œuvre s'est d'abord établie à un taux presque raisonnable (de 1 fr. à 1 fr. 15 cent, par jour). Peu à peu, cependant, les menées démagogiques ont produit leur effet : des désordres ont éclaté ; des habitudes de vagabondage se sont répandues parmi les noirs; les travailleurs sont devenus exigeants. Les bras ne manquent pas à la Martinique; ce qui fait défaut, c'est la volonté du travail. Heureusement les capitaux, quoique rares, peuvent encore se réunir en nombre suffisant pour maintenir la culture sur un pied assez satisfaisant. C'est un obstacle moral plutôt que matériel qui entrave la reprise des travaux, et quelques mesures intelligentes pourraient avoir raison de cette difficulté passagère [17].

A la Guadeloupe, la crise a été plus violente. Les prédications *schœlchéristes*, ainsi que les appellent eux-mêmes les noirs, ont promptement porté des fruits sanglants. Les populations émancipées se sont livrées aux saturnales les plus odieuses; elles ont détruit par le feu une assez grande quantité d'habitations que les propriétaires ruinés sont hors d'état de reconstruire, ce qui provoque forcément l'inculture des terres ; puis, lorsque la fougue des passions s'est un peu calmée, on est allé dans les bois vivre à l'état sauvage. Les ressources précaires de ces masses égarées ont été bientôt épuisées, et la misère, la maladie, sont venues à leur tour prêcher le repentir. On prétend qu'à la suite de ces deux années néfastes, où la colonie a été livrée aux plus cruelles alarmes, le dixième de la population noire aurait été moissonné; il est du moins de notoriété publique que la mortalité a été grande. Enfin, dans le courant de 1850, on a vu reparaître des symptômes d'activité régulière. On a replanté des cannes, on a engagé des ouvriers à des prix modérés (75 à 80 cent, par jour, nourriture comprise), et les affaires ont marché. Les derniers renseignements constatent que les travaux tendent à se développer, et la main-d'œuvre à augmenter par conséquent. Toutefois on ne pensait pas pouvoir déliasser le chiffre de 45,000 barriques. On pensait que la Martinique pourrait se trouver dans des conditions analogues [18].

Absence presque complète de travail dans la plupart des colonies anglaises, ralentissement notable dans nos possessions, — ce sont là deux faits contre lesquels il n'est pas impossible, nous le croyons, de réagir dans une certaine mesure en interrogeant, à l'exemple des Américains, le caractère de la race noire et en s'appliquant à y conformer sa conduite.

Le nègre est doux et bon, surtout dans nos colonies, quand ses passions ne sont pas surexcitées; mais il n'a aucun sentiment de sa dignité d'homme. De l'absence de besoins matériels et d'amour-propre bien entendu résulte donc la grande plaie des colonies, le vagabondage. C'est là l'ennemi qu'il faut combattre à outrance, et ce n'est pas toujours chose facile, pour peu que les localités se prêtent à seconder les mauvais instincts. — Les immenses forêts de Saint-Domingue, de la Trinidad, celles même de la Martinique et de la Guadeloupe, quoique moins étendues, servent d'asile à des milliers de vagabonds auxquels elles fournissent de plus une portion de nourriture que complète la maraude de nuit. Les villes même, Saint-Pierre-Martinique entre autres, regorgent également de fainéants. — Il faut rendre à tout prix ces bras inoccupés au travail, et, puisque les circonstances paraissent plus favorables en ce moment, il faut les seconder avec énergie.

Le vagabondage [19] peut et doit être combattu par des mesures rigoureuses, telles que l'emploi de tout vagabond dans les travaux publics. Les routes sont dans un état déplorable, et pendant longtemps encore pourront fournir de l'occupation pour bien des bras [20]. — Le percement des bois, le défrichement, doivent attirer une sérieuse attention, et l'on se souviendra que c'est au déboisement de son sol que la Barbade a dû son salut dans le désastre des colonies anglaises. La vanité et la passion des colifichets peuvent être aussi exploitées par des faveurs accordées à l'exportation sur une foule de menus objets.

Avant tout cependant il faut, dans l'ordre moral, faire appel à la charité des ministres de la religion, des missionnaires particulièrement. C'est par les sentiments religieux et la prédication que les États-Unis ont obtenu des résultats si remarquables et si satisfaisants à la côte d'Afrique, et ce sera toujours le meilleur moyen, le seul peut-être de mener à bonne fin l'expérience de l'émancipation.

Si on reste trop en arrière de la rude tâche que l'on a à remplir, voici sans doute ce qui arrivera. Les riches planteurs seront forcés d'abandonner leurs habitations et d'allotir leurs terres pour les louer en détail, comme quelques-uns l'ont déjà fait à la Guadeloupe et ailleurs. Les noirs alors se partageront en deux classes : les laborieux et les intelligents s'établiront sur quelques coins de terre dont la fertilité aide si puissamment au travail ; ils y bâtiront des cases pour eux et leurs familles, formeront un petit jardin potager, élèveront quelques volailles, et en très peu de temps n'auront plus rien à demander à personne. Quant aux paresseux, ils resteront dans leur état de vagabondage, jusqu'à ce que la misère et la maladie viennent en faire justice, comme à la Guadeloupe, à la Jamaïque, à Haïti. Alors le commerce et la navigation de la France avec ses colonies seraient perdus.

Quant aux colonies à esclaves, il est évident que l'on ne peut procéder avec trop de circonspection, afin d'éviter les secousses et de faciliter la transition. Si les colons espagnols consultent leurs intérêts, ils renonceront à un système qui fait dépendre le recrutement de la population noire de Cuba d'un recours incessant à l'expédient de plus en plus compromis de la traite. Pour les États-Unis, ils n'ont qu'à persévérer dans la bonne voie où ils sont, en cherchant encore à perfectionner les moyens mécaniques qui jouent déjà un si grand rôle dans leur industrie, et à substituer de plus en plus le travail libre au travail esclave. L'émancipation devenant imminente, ils l'auront ainsi rendue moins onéreuse pour eux et plus utile pour les affranchis ; ils n'auront plus alors qu'à s'applaudir d'avoir obéi à l'un des sentiments les plus honorables qui puissent naître dans le cœur de l'homme et du chrétien.

Notes

1.   Dans un article publié ici même, les Esclaves dans les Colonies espagnoles (livraison du 1er juin 1841), Mme la comtesse Merlin avait déjà parlé des condamnables rigueurs des majorales, et surtout de la férocité des contra-majorales, dont l'effet est d'exciter la révolte dans les ateliers exaspérés. Elle s'attachait cependant à faire ressortir ce qu'il y avait de paternel dans certaines lois relatives aux esclaves de Cuba et dans la conduite de certains maîtres vis-à-vis de leurs noirs. Qu'il y ait à Cuba, dans les villes surtout, des

esclaves traités avec douceur, placés même dans une condition relativement presque heureuse, je suis loin de le contester; mais j'ai dû comparer le système espagnol en matière d'esclavage au système des Américains de l'Union, et l'avantage de l'humanité comme de la sagesse me parait appartenir sans le moindre doute à ces derniers.

2.   Les recensements partiels de 1850 n'ont encore donné que des nombres ronds, c'est pourquoi je n'ai pu consigner les chiffres d'augmentation que de la même manière.

3.   Non admis dans la fédération en 1840.

4.   On a fait venir à la Martinique des Lorrains qui, chaque année, on le sait, vont faire au loin la moisson et sont habitués à travailler au soleil. Jusqu'ici l'on ne voit pas que l'expérience ait donné des résultats bien significatifs. Quant à Cuba et à Porto-Rico, on n'y pense pas qu'en aucun cas on puisse se passer du travail des noirs, et d'ailleurs les colons espagnols ne sont pas gens à pousser bien loin leurs études à ce sujet.

5.   Ils se sont montés à 1,467 en 1850.

6.   American colonization society for colonizing the free people of colour of the United-States.

7.   Dès 1818, MM. Mills et Burgess avaient visité l'Afrique, afin de chercher un point favorable pour le premier établissement. Leur voyage était resté sans résultat.

8.   Les chefs nègres avaient apposé une croix pour signature en regard des noms de MM. Stockton et Ayres.

9.   Bois de teinture de l'espèce du bois de Nicaragua et donnant une couleur rouge.

10.   Pensylvania young men's colonization society.

11.   Le pavillon libérien se compose de six bandes rouges et cinq blanches alternant dans le sens longitudinal; — en haut, dans l'angle gauche, un carré bleu couvrant cinq bandes avec une seule étoile blanche au milieu. Le sceau de l'état représente une colombe volant, et dans ses pattes une légende; une mer avec un navire sous voiles et le soleil levant; un palmier ayant à son pied une charrue et une bêche. Autour de ces emblèmes les mots : République de Libéria, et la devise nationale : The love of liberty brought us there

(l'amour de la liberté nous a conduits ici).

12.   Le travail agricole est évalué à 1 fr. 25 cent, par jour.

13.   Maryland state colonization society.

14.   Les nouveaux émigrants sont entretenus gratuitement pendant six mois, après quoi ils doivent pourvoir à leurs besoins. On leur fournit, à leur arrivée, une maison et cinq acres de terre s'ils sont mariés, la moitié s'ils sont célibataires, ce qui est plus que suffisant dans une contrée aussi favorisée du ciel. S'ils veulent une plus grande étendue de terre, ils peuvent en acheter à raison de 1 dollar l'acre.

15.   La Barbade est dans une condition tout exceptionnelle, et c'est à cela qu'elle doit d'avoir échappé au désastre général. Son sol est absolument plat; il n'y a aucune forêt qui puisse offrir asile et aliments aux vagabonds. Toute l'île est plantée en cannes, divisée en propriétés closes et bien gardées. La population est immense; supérieure par mille carré à celle de notre département du Nord, elle ne le cède qu'à celle des districts les plus peuplés de la Chine. Dès-lors, point de place pour les paresseux : il faut travailler, voler ou s'expatrier; travailler est le plus sûr, et le noir de la Barbade travaille. Le planteur, trouvant la main-d'œuvre à bon marché (75 cent, par jour, nourriture comprise), se lance de son côté dans la voie des améliorations et lutte avec succès contre les colonies les plus favorisées.

16.   Les coolies ou coulis sont des travailleurs libres importés de l'Inde dans les colonies anglaises. On forme avec les coulis des contrats qui les lient pour un temps plus ou moins long par l'intermédiaire d'agents qui s'en font une spécialité. Une fois établis dans une colonie, ils sont justiciables des autorités du pays, qu'ils ne doivent pas quitter avant le temps prescrit, sous peine de perdre leurs droits au rapatriement gratuit. Les coulis importés à la Trinidad jusqu'à ce jour ont coûté fort cher : ils forment à peu près la moitié des travailleurs à la terre; malheureusement ils sont livrés à eux-mêmes sans aucune loi ni règlement pour réprimer leurs habitudes de vagabondage. Les bons travailleurs ont perdu au moins le quart de leur temps à aller d'une habitation à l'autre, et les changements de résidence n'ont presque jamais eu de cause sérieuse. La colonie est tenue de les renvoyer gratis dans leur pays,

s'ils le demandent, après qu'ils ont toutefois justifié d'un séjour de cinq ans. Une enquête faite par le gouvernement en 1850 constate que pas un seul ne consentira à rester après le temps fixé. Malgré tous ces inconvénients, les habitants propriétaires sont tous d'accord sur ce point, que les coulis ont sauvé la colonie. — Le gouvernement local a rendu récemment une loi pour subvenir aux dépenses qu'occasionnera l'introduction de mille coulis par an à partir de 1851. Les conditions seront plus favorables, puisque chaque individu ne coûtera que 9 livres (225 fr.), au lieu de 17 livres (425 fr.) qu'ont coûtées par tête les premiers Indiens. Les nouveaux travailleurs seront forcés de travailler sous peine d'une amende de 5 shellings (6 fr. 25 cent.) par mois, et, à défaut de paiement, ils pourront être mis en prison ou même condamnés aux travaux forcés en cas de rébellion. Les coulis ne travaillent pas plus que les nègres, mais on préfère en général leur ouvrage, parce qu'il est fait avec plus de soin. Les travaux hors de la récolte se font à la tâche, qui comporte sept heures de travail par jour et se paie 30 cents, soit 1 franc 62 cent. Dans le temps de la récolte, la tâche revient à 2 fr. 16 cent, par jour et est fixée d'après la quantité de vezou (jus de canne) que peut fournir la machine. Si les travailleurs ne remplissent pas leur lâche, ils subissent une réduction dans le salaire. La main-d'œuvre étant considérée comme trop chère à la Trinidad, il serait fort à désirer que l'importation des coulis fût assez forte pour que le salaire pût être abaissé d'un quart au moins. On a vu, en effet, que la colonie ne pouvait produire le sucre à moins de 3 piastres le quintal anglais, ce qui rend sa position précaire. Il est à remarquer aussi que les premières importations de coulis ont été mal faites. Les agents dans l'Inde ont envoyé un ramassis de gens de tous métiers et même des individus ne connaissant aucun métier, de véritables vagabonds, au lieu des laboureurs exercés qu'ils s'étaient engagés à fournir. Le gouvernement de la Trinidad a maintenant des agents à lui, et il est à peu près certain d'importer de bons travailleurs adonnés à l'agriculture dès leur jeunesse. Il reste environ huit mille coulis de la première immigration, et l'on voudrait en importer douze mille nouveaux, ce qui est jugé nécessaire, tant pour bien exécuter tous les travaux des champs que pour faire baisser le prix de la main-d'œuvre et établir une concurrence réelle entre les coulis et les noirs émancipés.

17.		M. le capitaine de vaisseau Bouët-Willaumez, ancien gouverneur du Sénégal, a constaté dans cette Revue même, livraison du 1er juin, d'après des indications récentes, le réveil du travail dans nos colonies. Les observations que j'ai recueillies, sans contredire ces indications, se rapportent à une époque encore trop rapprochée de l'émancipation pour que la renaissance de l'activité coloniale fût déjà complète.

18.		Ce qui a apporté quelque soulagement à certains planteurs, aux petits surtout, lorsqu'ils ont été placés convenablement, c'est la coopération qu'ils ont trouvée dans les usines centrales de l'ancienne compagnie des Antilles Ces usines sont au nombre de trois à la Guadeloupe et une à la Martinique; elles reçoivent toutes les cannes qu'on veut leur envoyer, en constatent le poids brut à l'entrée, et rendent au planteur 5 pour 100 de ce poids en sucre, ou bien elles en tiennent compte en argent au cours du jour. J'ai visité ces usines avec soin et intérêt; celles dites de Saint-Marc à la Guadeloupe, et de Fort-de-France à la Martinique, m'ont paru médiocrement installées et peu actives; celle de Bellevue (Guadeloupe) n'était pas encore rouverte, mais on se préparait à reprendre les travaux; quant à celle de Marly (Guadeloupe), elle était en pleine activité et administrée avec une grande intelligence.

19.		Il y a déjà un commencement d'atelier au Piton, près de Fort-de-France, à la Martinique, mais sur une trop petite échelle.

20.		Parmi les facilités que rencontre le vagabondage, il faut peut-être compter aussi le grand nombre de cases inoccupées qu'on laisse ouvertes aux premiers venus. Plusieurs fois déjà il a été question de les brûler, car, lorsqu'elles ne servent pas d'abri aux noirs oisifs, ces cases deviennent des repaires de serpents qui, depuis l'émancipation, pullulent d'une manière effrayante, à la Martinique principalement, et causent des accidents assez nombreux.

ISBN : 978-1726218702